OUVRAGES DU MÊME AUTEUR :

**LA BANQUE DE L'ALGÉRIE**

Librairie SAVINE, Paris, 3 fr. 50

**LA MYSTIFICATION DU DÉCRET CRÉMIEUX**

Librairie Louis RÉLIN, Alger, 1 franc

# LES JUIFS ALGÉRIENS

## LEURS ORIGINES



PAR

Henri GARROT

ALGER

LIBRAIRIE LOUIS RELIN, 1, RUE DUMONT-D'URVILLE

1898

# LA GENÈSE D'UN PEUPLE

**SOMMAIRE :**

**Deux chapitres de la Genèse. — Une jeune France. — Les tribus d'Israël en marche. — Le rêve d'un capitaliste. — Race maudite. — Quarante siècles en retard. — Espions des deux partis. — Sentiment léger de la reconnaissance. — Illusions. — Où l'on voit apparaître Crémieux le faussaire. — L'Administration française en péril. — D'où viennent les Juifs ?**

# LA GENÈSE D'UN PEUPLE

« Or, il y eut une famine dans le pays, et Abram descendit
» en Egypte pour y séjourner, car la famine était grande dans
» le pays. Et comme il était prêt d'entrer en Egypte, il dit à
» Saraï, sa femme : Voici, je sais que tu es une belle femme ; et
» il arrivera que lorsque les Egyptiens t'auront vue, ils diront :
» C'est sa femme, et ils me tueront ; mais ils te laisseront vivre.
» Dis, je te prie, que tu es ma sœur, afin que je sois bien traité
» à cause de toi, et que j'aie la vie sauve grâce à toi. Et dès
» qu'Abram fut arrivé en Egypte, les Egyptiens virent que
» cette femme était fort belle. Et les princes de la Cour de
» Pharaon la virent et la louèrent devant Pharaon, et la femme
» fut amenée dans la maison de Pharaon. Et il fit du bien à
» Abram à cause d'elle, et il eut des brebis et des ânes, des
» serviteurs et des servantes, des ânesses et des chameaux. Mais
» l'Eternel frappa de grandes plaies Pharaon et sa maison, à
» cause de Saraï, femme d'Abram. Alors Pharaon appela
» Abram et lui dit : Qu'est-ce que tu m'as fait ? Pourquoi ne
» m'as-tu pas déclaré que c'était ta femme ? Pourquoi as-tu dit
» c'est ma sœur ; en sorte que je l'ai prise pour femme ? Main-
» tenant, voici ta femme, prends-là et va-t-en. Et Pharaon
» donna ordre pour lui à des gens qui le reconduisirent, lui et
» sa femme, et tout ce qui lui appartenait. *La Genèse*, CHA-
» PITRE XII.

« Abraham partit de là pour le pays du Midi, et il demeura

» entre Kadès et Shur, et il séjourna à Guérar. Et Abraham dit » de Sara sa femme : c'est ma sœur. Et Abimèlek, roi de Guérar, » envoya enlever Sara. Mais Dieu vint vers Abimèlek, en songe, » pendant la nuit, et lui dit : Voici, tu es mort, à cause de la » femme que tu as prise, car elle a un mari. Or, Abimèlek ne » s'était point approché d'elle. Et il répondit : Seigneur ferais-tu » périr même une nation juste ? Ne m'a-t-il pas dit : C'est ma » sœur ? Et elle, elle aussi, n'a-t-elle pas dit : C'est mon frère ? » C'est dans l'intégrité de mon cœur et dans l'innocence de mes » mains que j'ai fait cela. Et Dieu lui dit en songe : Moi aussi » je sais que tu l'as fait dans l'intégrité de ton cœur ; aussi » t'ai-je empêché de pécher contre moi ; c'est pour cela que je » n'ai point permis que tu la touchasses. Mais maintenant » rends la femme de cet homme, car il est prophète ; et il priera » pour toi, et tu vivras. Mais si tu ne la rends pas, sache que » tu mourras certainement, toi et tout ce qui est à toi.

» Et Abimèlek se leva de bon matin, et appela tous ses ser- » viteurs, et leur fit entendre toutes ces paroles ; et ces gens » furent saisis de crainte. Puis Abimèlek appela Abraham et » lui dit : Que nous as-tu fait ? Et en quoi t'ai-je offensé que » tu as fait venir sur moi et sur mon royaume un aussi grand » péché ? Tu as fait à mon égard des choses qui ne se font » pas. Puis Abimèlek dit à Abraham : Qu'avais-tu en vue pour » en agir ainsi ? Et Abraham répondit : C'est que je me suis » dit : Il n'y a sûrement aucune crainte de Dieu dans ce » lieu et ils me tueront à cause de ma femme. Mais aussi, en » vérité, elle est ma sœur, fille de mon père, seulement elle » n'est point fille de ma mère ; et elle est devenue ma femme. » Or, lorsque Dieu me fit errer loin de la maison de mon » père, je lui dis : Voici la faveur que tu me feras : Dans tous » les lieux où nous irons, dis de moi : C'est mon frère.

» Alors Abimèlek prit des brebis et des bœufs, des serviteurs » et des servantes et les donna à Abraham, et il lui rendit sa

» femme Sara. Et Abimélek dit : Voici, mon pays est à votre » disposition, habite où il te plaira. Et il dit à Sara : Voici, j'ai » donné à ton frère mille pièces d'argent; voici ce sera pour toi » un voile sur les yeux, devant tous ceux qui sont avec toi ; et, » auprès de tous, tu seras justifiée. Et Abraham pria Dieu, et » Dieu guérit Abimélek, sa femme et ses servantes, et elles en» fantèrent. Car l'Eternel avait entièrement rendu stérile toute » la maison d'Abimélek, à cause de Sara, femme d'Abraham.
» *La Genèse*, CHAPITRE XX. »

Il y a 27 ans, parlant de l'Algérie, on citait ce pays comme une terre heureuse.

C'est que la génération nouvelle alors en formation dans la colonie, allait rapidement, en dépit des imperfections inhérentes au groupement trop précipité peut être d'éléments divers et partant dissemblables, vers la constitution d'une jeune France africaine au sang frais et vigoureux.

A ce moment, les tribus d'Israël, devenues depuis les créancières implacables des sociétés, cheminaient.

Vivant depuis des siècles dans l'attente, elles attendaient.

Elles étaient dans l'expectative immuable, qui doit être éternelle, de la domination sur les gentils.

Et parce qu'un vieux bédouin, leur ancêtre Abraham, un M. Charles de l'époque, enrichi du produit des charmes avariés de la belle et dangereuse Sarah qu'il avait épousée, bien qu'elle fût sa sœur, expulsé d'Egypte et de Guérar où il faisait un trop vilain métier et revenu au pays avec un gros sac ; un soir où il reposait, ayant compté son or, auprès de son épouse jusqu'alors stérile, avait rêvé que sa postérité devenue aussi nombreuse que les étoiles brillant au ciel, commanderait un jour aux nations ; les fils des arrières petits fils de la Juive chassée du lit du Pharaon et de la couche d'Abimélek, marchaient à la conquête de la domination des peuples.

Faisant leur route à travers les mondes, ils allaient, confiants dans la réalisation d'un songe venu au cerveau halluciné d'un vieillard fatigué, pendant le cauchemar d'une nuit agitée.

Cette annonce insensée d'un avènement impossible, est cependant la nuée conductrice, guidant à travers les âges depuis 4,000 ans, cette race qui va, souffre, jouit, mêlée à tout, ne se mêlant jamais, et demeurant intacte.

Dieu la marqua du signe de sa malédiction ; et quand les peuples unis, les mains tendues, se groupent allant ensemble vers le progrès ; cette race aveuglée, ne reconnaissant pas que tous songes sont mensonges, revient à ses légendes et vivant parmi nous, retarde de quarante siècles !

Les Juifs indigènes d'Algérie, venus dans ce pays après les dispersions, n'en étaient pas plus avancés il y a 27 ans, au point de vue moral, qu'ils l'étaient à l'époque ou la Judée fût réduite en province romaine.

Notre venue les délivra de l'abjection dans laquelle ils vivaient en Afrique.

En contact avec nous depuis 1830, espions de nos armées aussi bien que de celles des deys, servant les deux partis, ils n'avaient pris aucune part au mouvement d'amélioration sociale apporté par nos armes.

Avant notre arrivée ils ne possédaient rien ; mais si notre occupation, ayant été pour eux une source de profits, les avait enrichis, le sentiment de la reconnaissance n'avait jamais tenu chez eux une place encombrante.

Très au courant de tout, malgré une feinte ignorance des évènements d'Europe, ils avaient appris, qu'en France, l'*œuvre* s'accomplissait.

Ils savaient qu'une force puissance, celle de leur *peuple*, s'organisait au-delà de la mer, et confiants, ils attendaient.

Ils auraient attendu longtemps encore, si leur coreligionnaire Crémieux, profitant de nos préoccupations patriotiques pendant les tristes évènements de 1870, n'avait cru, au moyen d'un faux, les investir de nos droits.

Les Juifs abusèrent aussitôt de la situation, et firent naître ensuite de leurs exigences, de leurs prétentions, de leur orgueil, cette question juive en Algérie, qui met actuellement notre domination en péril.

D'où viennent donc les Juifs devenus encombrants dans la belle Algérie, où ils détiennent tout ?

Leur histoire, pour être compliquée ne saurait être longue, car elle se répète ; nous allons l'exposer.

# L'ARRIVÉE DES JUIFS EN AFRIQUE

**SOMMAIRE :**

**Ptolémée le Lagide transporte les Juifs en Afrique. — La gratitude des Syriens. — Les Juifs à Cyrène. — Prospérité momentanée. — Sédition de Cyrène. — Sa répression rapide. Nouvelle révolte sous Trajan. — Le massacre général des non-Juifs. — Les vêtements de peau humaine. — Châtiment mérité. — Dispersion ordonnée par Hadrien. — Première immigration des Juifs en Afrique.**

# L'ARRIVÉE DES JUIFS EN AFRIQUE

Ptolémée le Lagide, lieutenant d'Alexandre, eût pour sa part l'Egypte au partage de l'empire, 323 av. J-C.

Au cours d'une expédition faite en Syrie dans les premières années de son règne, Ptolémée qui avait eu à se plaindre des Juifs vint mettre le siège devant Jérusalem. Ayant pris la ville d'assaut, il déporta à Alexandrie et en Cyrénaïque une partie des habitants de la Palestine, laissant quelques uns d'entre eux se réfugier en Espagne.

Les Syriens débarrassés du dangereux voisinage de leurs irréductibles et séculaires ennemis, décernèrent à cette occasion au roi d'Egypte libérateur, le titre de *Soter* ou sauveur.

Les Juifs déportés en Afrique prospérèrent à Cyrène, grâce à l'indulgence des rois d'Egypte d'abord ; plus tard des empereurs, quand l'Egypte fût réduite en province romaine. Ils réussirent même à obtenir la protection d'Auguste, lequel dit l'histoire, n'était pas insensible aux arguments sonnants.

Mais après la prise de Jérusalem par Titus, un nommé Jonathan réfugié à Cyrène avec quelques milliers de ces zélateurs qui avaient causé la ruine de leur nation, se révolta contre l'état de choses établi dans la contrée où lui et ses congénères avaient trouvé asile, et entraînant la foule turbulente, ouvrit la campagne contre les Romains. 74 ap. J.-C.

Le prêteur de Lybie, Catullus, dût sur l'ordre de Vespasien

intervenir avec ses troupes ; il défit les rebelles et les massacra au nombre de trois mille.

La destruction de Jérusalem et du Temple par Titus, avait attiré en Cyrénaïque et à Alexandrie, avec les débris des zélateurs et sicaires échappés au massacre, une quantité considérable de Juifs, élément dangereux, chassés de Palestine après la réduction de la Judée en province romaine.

Titus détruisant de fond en comble Jérusalem, massacra quinze cent mille Juifs.

Josephe raconte, qu'on ne pût se procurer assez de bois pour les crucifier tous.

Vers 115 ap. J.-C. devenus très nombreux à Cyrène, ils se révoltèrent contre l'autorité de l'empereur Trajan.

Sous la conduite d'un nommé Andréas, tout d'abord les plus forts, étant les plus nombreux, ils commirent des cruautés épouvantables, se livrèrent à tous les excès.

Les Juifs massacrèrent tout ce qui était romain, grec ou non-Juif; ce fût, d'après l'histoire, une véritable orgie de sang. Les Juifs que rien ne retenait puisqu'ils étaient les maîtres, mangeaient la chair de leurs victimes, se teignaient de leur sang, tannaient les peaux humaines et s'en revêtaient avec ostentation. Ils forçaient les non-Juifs à combattre dans le cirque, trouvant des joies immenses à les faire déchirer par les bêtes féroces. Dion Cassius rapporte, que dans la seule Cyrénaïque, plus de deux cent vingt mille personnes auraient ainsi trouvé la mort.

Deux ans durant, 115 à 117, alliés aux Juifs révoltés d'Egypte, les Juifs de Cyrène ensanglantèrent le pays où ils avaient trouvé refuge aide et protection, après les cruels désastres de leur nation.

C'était payer d'une noire ingratitude les services rendus,

aussi. Marcius Turbo arrivé de Lybie avec des forces importantes, secondé par la flotte, finit par les réduire et la répression pour avoir été lente, n'en fût pas moins sévère.

Les Juifs de Cyrène et d'Egypte épargnés, dispersés sur l'ordre d'Hadrien, émigrèrent dans l'Ouest ; c'est de cette dispersion que date l'établissement définitif en Espagne et la venue dans la province d'Afrique, des Juifs, dont nous allons retracer l'historique.

UN

# ROYAUME JUIF EN AFRIQUE

SOMMAIRE :

Installation des Juifs dans la province d'Afrique. — Les Musulmans proclament la guerre sainte. — Défaite du patrice Grégoire. — Une trève de vingt ans. — Séparation des intérêts berbères et bysantins. — Okba ben Nafa. — Fondation de Kairouan. — Echec devant les forteresses de l'Aurès. — Le guet-apens de Tehouda. — Mort de Sidi Okba. — Kocella, chef des Berbères. — Zoheir et Kocella. — Défaite et mort de Zoheir. — La Kahéna. — Les Djeraoua. — Les défenseurs de l'Afrique se groupent autour de la Kahéna. — La bataille de Baraï. — Victoire de la Kahéna. — Un royaume Juif. — Le mosaïsme religion d'état. — Le beau Khaled. — La publicité d'une passion royale. — Les fils et l'amant. — Amour sénile. — L'organisation de la destruction. — Le désert. — Conversions forcées. — Une vieille maîtresse. — La poste en galettes. — Défections. — Ouvertures repoussées. — Défaite de la Kahéna. — Comment quand on est reine, on peut simuler un échange de tête. — Conversion des Juifs à l'Islam. — Conquête définitive de l'Afrique par l'Islam. — Les contingents de Tarik. — Conquête de l'Espagne par les Juifs convertis. — Un fléau des peuples. — La réputation des Vandales répond pour les dévastations des Juifs.

# UN ROYAUME JUIF EN AFRIQUE

Les Juifs dispersés par Hadrien arrivèrent en Afrique par plusieurs chemins, les uns, prenant la voie de mer débarquèrent sur la côte septentrionale, où ils s'insinuèrent parmi les peuplades autochthones des Berbères fixées sur le littoral et dans le Tell ; d'autres, longeant les rivages des Syrtes et contournant les chotts, arrivèrent jusqu'à la région des Hauts Plateaux où ils s'établirent au milieu des populations nomades des Gétules ; d'autres enfin, purent s'installer dans la région montagneuse de l'Aurès.

En 647, Othman, ancien compagnon de Mohamed, proclamé khalife, ayant décidé la conquête de l'Afrique, ordonna la guerre sainte.

Profitant de la mésintelligence régnant chez les Bysantins par suite de l'usurpation du patrice Grégoire, le khalife envoya contre eux l'émir Abdallah à la tête de 120,000 hommes. Abdallah défit et tua l'usurpateur et s'avançant jusqu'à Gafsa et au Djérid, lança ses bandes vers l'intérieur de la province romaine.

Les Grecs n'eurent que le temps de se réfugier dans les forteresses de la Bysacène, et autour de Carthage.

Les Arabes manquant de matériel de siège, pressés d'autre part du désir de jouir des produits de leur immense butin, retournèrent au désert, se contentant après cette heureuse et courte expédition, d'une contribution de guerre de trois cents kintars d'or.

Vingt ans de guerre civile entre les sectateurs de l'Islam, procurèrent une trêve aux populations africaines, dont les divers éléments : Grecs, Romains, Berbères et Juifs jusqu'alors hostiles, semblèrent se rapprocher en prévision du danger général. Mais les Berbères, mécontents des exactions du fisc impérial qui cherchait à se rattraper sur eux des sommes payées en tribut aux envahisseurs, finirent par se détacher de la cause byzantine, et mirent à leur tête Kocella, chef de la grande tribu des Aoureba.

Diverses expéditions des Arabes en Afrique eurent encore lieu avec des alternatives différentes de succès ; la principale est celle qui fut organisée par l'émir Okba ben Nafa.

En 681, Okba renforçant son armée des Berbères convertis, s'empara de Gafsa et fonda Kaïrouan, des ruines des cités romaines environnantes ; puis il marcha sur l'Aurès à l'effet de réduire les populations Zénètes, lesquelles alliées aux Grecs et aux tribus juives, restaient indépendantes. Mais il échoua devant les forteresses où ces populations s'étaient réfugiées.

Négligeant pour l'instant ces adversaires solidement retranchés derrière les murailles des forteresses bysantines, Okba traversant le Mzab, arriva jusqu'à Tiaret, où il défit les Grecs et les Berbères qui l'y attendaient en grand nombre. Puis il poussa jusqu'à l'Océan, où ayant fait entrer son cheval dans la mer, il prit Dieu à témoin qu'il avait accompli son devoir de bon Musulman, puisqu'il ne trouvait plus devant lui d'ennemi de sa religion à combattre.

Revenu dans le M'zab, Okba, qui considérait toute l'Afrique comme soumise à l'Islam, renvoya ses troupes à Kaïrouan, ne conservant avec lui qu'une faible escorte.

A la tête d'un petit groupe de cavaliers d'environ trois cents hommes, Okba voulut reconnaître les forteresses des environs de l'Aurès, devant lesquelles il avait échoué lors de son passage.

Parvenu à Tehouda, au N.-E. de Biskra, l'émir, qui depuis quelques jours se sentait suivi pas à pas par les Berbères de Koceïla, se trouva tout à coup en face des tribus juives de l'Aurès, qui gardaient les passages.

Entourés de toutes parts d'ennemis acharnés, il ne restait aux compagnons d'Okba qu'à vendre chèrement leur vie ; ils n'y manquèrent pas. Ayant fait leur prière, ils brisèrent les fourreaux de leurs épées et firent tête aux agresseurs. Mais que pouvait leur courage contre le nombre ! Ils furent anéantis, 683.

Le tombeau de l'émir conquérant de l'Afrique, enseveli sur le champ de bataille de Tehouda, est encore un lieu de pèlerinage pour les Musulmans à l'oasis qui porte son nom : de Sidi Okba.

Les Berbères, sous le commandement de Koceïla, aidés des tribus juives mises à la disposition du chef berbère par leur reine la Kahéna, renforcés des Chrétiens, chassèrent les Musulmans de leur nouvelle conquête.

En 688 le khalife Abdel Malek reprenant les traditions de ses prédécesseurs, envoya de nouvelles troupes à la conquête de l'Afrique, sous le commandement de l'émir Zoheïr. Koceïla atteint aux environs de Kaïrouan, fût tué après une bataille acharnée et les Berbères et les Grecs avec les tribus juives, fuyant devant Zoheïr, se jetèrent en partie dans l'Aurès et dans le Mzab.

Zoheïr, victorieux, ne sut pas tirer parti de ses succès. Pressé de revenir en Orient jouir de son triomphe et de son butin, il se heurta à Barka contre une troupe de Grecs qui venaient d'opérer une descente, et périt avec toute son escorte, 690.

Après la mort de Koceïla et le départ des Arabes, les indigènes de l'Afrique du Nord avaient reconnu l'autorité d'une femme : Daya bent Tabet, une Juive, plus connue sous le nom de la Kahéna ou devineresse. Ses intimes relations avec Koceïla, roi des Berbères et la part qu'elle avait prise au guet-apens de Tehouda, par elle organisé, où Okba et ses compagnons avaient trouvé la mort, l'avaient mise en relief.

Cette femme était issue de l'une des familles appartenant à ces tribus juives venues de la Cyrénaïque et de l'Egypte, réfugiées dans les Aurès après la dispersion ordonnée par Hadrien en 117, tribus fédérées entre elles, sous le nom de Djeraoua.

Elle était la fille d'un nommé Tabet, fils d'Enfak, et appartenait à la tribu des Cahen, prêtres issus de la famille d'Aaron (1).

Elevée dans la tradition de la science des mages de Chaldée, elle était initiée à toutes les pratiques de sorcellerie et de divination. Il lui avait été facile, grâce à ses sortilèges, de prendre un empire considérable sur l'esprit peu cultivé des peuplades berbères.

---

(1) Après la fuite des Arabes, les indigènes de l'Ifrikiya avaient reconnu l'autorité d'une femme Dihia ou Damïa, fille de Tabeta, fils d'Enfak, reine des Djeraoua de l'Aurès. Cette femme remarquable appartenait, dit El Kaïrouani, à une des plus nobles familles berbères ayant régné en Afrique. Elle avait trois fils, héritiers du commandement de la tribu et, comme elle les avait élevés sous ses yeux, elle les dirigeait à sa fantaisie et gouvernait par leur intermédiaire. Sachant par divination la tournure que chaque affaire importante devait prendre, elle avait fini par obtenir pour elle-même le commandement. Cette prétendue faculté de divination fit donner à Dihia par les Arabes, le surnom d'*El Kahéna* (la devineresse). Sa tribu était juive, ainsi que l'affirme Ibn-Khaldoun, et il est possible que ce nom de Kahéna, que les Musulmans lui appliquaient avec un certain mépris, ait été, au contraire, parmi les siens, une qualité quasi-sacerdotale.

Les relations de la Kahéna avec Koceïla et la part active qu'elle prit à la conspiration qui se dénoua à Tehouda, sont affirmées par les auteurs. Après la mort de Koceïla un grand nombre de Berbères se joignirent à elle.

E. MERCIER, *Histoire de l'Afrique Septentrionale.*

Par sa famille, elle appartenait à la caste des nobles de Judée ; et comme les tribus juives réfugiées, avaient pullulé depuis leur arrivée dans les Aurès ; qu'elles avaient fourni d'importants contingents aux prises d'armes des combattants pour l'indépendance de l'Afrique, elle avait fréquemment assisté aux conseils des chefs et souvent ses prévisions s'étaient trouvées réalisées.

Elle avait organisé la résistance à l'Islam, et après avoir pris part avec ses gens au guet-apens dans lequel Sidi Okba avait trouvé la mort, elle avait contribué à repousser Zoheir (1).

Sa réputation de sorcière ou de devineresse était universelle dans toute l'Afrique ; elle avait su en tirer parti. Aussi, après la mort de Kocella un grand nombre de Berbères s'étaient-ils joints à elle. Les Grecs eux-mêmes, demeurés isolés après l'évacuation définitive de l'Afrique en 698 par le patrice Jean, espérant rencontrer un appui, se ralliaient autour d'elle ; et dans ses retraites fortifiées de l'Aurès, la Kahéna pouvait compter opposer un nombre considérable de combattants aux incursions arabes toujours menaçantes.

En 699 (79 de l'hégire), l'émir Hassan ben Nomân qui venait

---

(1) Au septième siècle de notre ère, quand les armées arabes entreprirent la conquête de l'Afrique, leurs généraux étaient accompagnés par des Juifs dont ils surent tirer un excellent parti en s'en servant comme intermédiaires avec les tribus berbères qui professaient le judaïsme. Parmi celles-ci il s'en trouvait de puissantes qui défendirent vaillamment leur indépendance. Les envahisseurs eurent à soutenir contre elles des batailles et des combats d'où ils ne sortirent pas toujours vainqueurs. Exemple, la grande tribu des Djeraoua fixée dans les monts Aourès, commandée par une femme bien connue dans l'histoire sous le nom de la Kahéna. Il fallait qu'elle fût prépondérante cette tribu ; qu'elle comptât dans son sein de bien braves guerriers pour que les autres tribus berbères se ralliassent à elle et que, par un effort commun, elles contraignissent les Arabes à se retirer après avoir perdu une sanglante bataille sur les bords de la rivière Nini.

F. GOURGEOT, *La Domination juive en Algérie.*

de s'emparer de Carthage abandonné par les Bysantins, se prépara à marcher contre les défenseurs de l'Aurès.

Dès que la Kahéna apprit l'approche de l'ennemi, elle descendit de ses montagnes et alla l'attendre aux environs de la ville de Baraï, située à peu de distance de la ville actuelle d'Aïn-Beïda.

Elle commença par expulser les habitants de cette place forte et détruisit la ville, de peur que l'ennemi ne s'y fortifiât. Puis, elle établit dans la plaine, des lignes de défense, derrière lesquelles elle attendit l'attaque.

Les deux armées se rencontrèrent sur les bords de l'Oued Nini.

La bataille fut acharnée ; les Musulmans avaient à cœur de venger Okba, mais les Berbères commandés par d'anciens officiers de Koceïla, firent vers le soir une attaque impétueuse, qui décida du succès de la journée. Les Arabes culbutés, enfoncés de toutes parts, furent mis en pleine déroute.

L'armée d'Hassan fût presque anéantie. Le massacre fut tel, que les eaux de la rivière étaient rouges de sang.

Hassan, poursuivi l'épée dans les reins, ne s'arrêta que derrière les retranchements de Barka.

La devineresse profitant du prestige de sa victoire, établit aussitôt sa domination sur toute l'Afrique et se proclama reine sous le nom de Kahéna, qui signifie en hébreu aussi bien prêtresse, que sorcière. Son premier acte fut d'imposer le Mosaïsme dans son nouvel empire.

Au nombre des captifs demeurés aux mains du vainqueur après la bataille de l'Oued Nini, se trouvait un jeune homme d'une grande beauté, nommé Khaled, fils de Yézid, de la tribu arabe de Kaïs. La reine s'éprit du jeune prisonnier, le combla de présents, et afin de le séparer de tout ce qui pouvait le distraire d'elle, de l'avoir ainsi bien à elle seule, elle rendit la liberté à tous ses compagnons de captivité.

Emportée par la violence de son amour pour ce jeune étranger, elle publia sa liaison et l'affirma dans une fête donnée à cet effet.

Ayant convoqué les généraux berbères, les chefs des Grecs et ceux des Juifs qui marchaient après elle, à une assemblée formant sa cour, elle se montra sans voiles, couchée, tenant Khaled enlacé dans ses bras, prodiguant à son amant, les signes les plus manifestes d'une ardente passion.

L'écrivain arabe Ibn-Hadari, rendant compte dans ses chronique de cette scène d'amour, cherche à en atténuer l'effet dans les termes suivants :

« La Kahéna qui avait deux fils, dit un jour à Khaled :

» Je n'ai jamais vu d'homme qui fut plus brave ni plus
» beau que toi. Je veux t'attacher, pour que selon la coutume,
» tu sois le frère de mes enfants et que vous ayez le droit
» d'hériter les uns des autres. »

« Elle prit alors de la farine d'orge, la roula dans l'huile et
» la porta sur ses deux seins; puis, appelant ses deux fils, elle
« leur dit : « Mangez avec Khaled sur mon sein. » Cela fait,
» elle ajouta : « Vous êtes frères. »

Il serait inutile de faire ressortir ici l'invraisemblance de la scène décrite par Ibn-Hadari.

De ses relations avec Kocella, dont elle fut longtemps la conseillère et la maîtresse, la Kahéna avait des fils, deux fils, dit Ibn-Hadari ; trois fils, dit Ibn-Khaldoun. Or, Khocella fût tué sous les murs de Kaïrouan en 688 ; ces faits se passaient vers l'an 700, le plus jeune de ses fils aurait approché à ce moment de la nubilité et il est impossible d'admettre que ces jeunes gens, hommes faits alors, auraient accepté, en présence du peuple, l'admission dans leur famille, et le partage au profit d'un ennemi, à titre égal, de l'héritage de leur mère.

Il est plus facile de penser que la reine, déjà âgée, était

arrivée à ce moment de la vie où la *femme qui aime*, s'absorbant dans son amour, fait fi de toutes les conventions. Elle aimait de toute l'ardeur des femmes de sa race, quand ces femmes peuvent aimer ; et elle trouvait un bonheur nouveau dans la publicité donnée par elle à sa passion. Du reste, n'était-elle pas la reine incontestée, la reine triomphante, la puissante souveraine aux ordres de laquelle toutes les populations de l'Afrique du Nord obéissaient alors ?

Aussi, pour être bien assurée de conserver Khaled, d'enlever à cet objet de son amour, tout moyen d'évasion ; d'empêcher qu'un retour toujours à prévoir des Musulmans, vint un jour lui enlever l'homme qui pour elle était toute la vie, elle prit une résolution, laquelle tout en servant les intérêts momentanés de sa passion, ne lui en aliéna pas moins la fidélité de ses nouveaux sujets, lui réservant dans l'histoire de l'Afrique une page qui la met au rang des grands fléaux des peuples.

Par ses ordres, les places fortes de l'Afrique du Nord furent démantelées, les édifices renversés et les villes détruites. Les troupeaux furent égorgés, les aqueducs rompus, les sources taries et les puits comblés. Les forêts furent incendiées, les jardins dévastés, les champs restèrent sans culture.

Tout ce que la civilisation romaine avait mis 700 ans à cultiver et embellir ; tout ce que cette civilisation que nous nous efforçons d'essayer de copier, avait produit de beau et de durable, disparût en un jour.

Cette admirable contrée du Nord de l'Afrique, si fertile et si belle, qui n'était des Syrtes à l'Océan qu'une succession non interrompue de bosquets ; où l'on pouvait cheminer de Gabès à Tanger, constamment abrité de l'ombre des grands arbres ; où les sources brillantes de partout jaillissantes, répandaient la fraicheur de leurs clairs ruisseaux et la fertilité, fit place à un immense et sauvage désert ; et c'est en cet état que nous l'avons trouvée, onze siècles après !

Mais la reine n'avait qu'un but : dévastant le pays, elle croyait enlever aux envahisseurs tout espoir de trouver à se ravitailler dans leurs courses nouvelles. Si elle conservait en agissant ainsi pensait-elle, son amant, elle ne conserva pas ses peuples et ses alliés.

En effet, les Berbères et les Grecs, forcés d'embrasser le Mosaïsme, religion détestée, voyant d'autre part disparaître en un jour avec leur fortune, le fruit de séculaires efforts, furent profondément irrités et se détachèrent de la souveraine, laquelle bientôt, demeura seule avec ses Juifs, enfermée dans ses refuges presque inexpugnables de l'Aurès, soumettant son amant à la surveillance la plus étroite.

Mais, Khaled fatigué des marques d'expansion de sa vieille maîtresse, rêvait de son côté à des femmes plus jeunes ; il préférait la liberté aux faveurs dont la Juive le comblait. Aussi, parvint-il à gagner à prix d'argent des émissaires parmi les cavaliers des juifs des tribus, employés à sa garde.

Dans une expédition dont il avait le commandement contre les mécontents, rapidement réduits, il pût, au moyen de galettes dans lesquelles il avait enfermé avant leur cuisson, des messages secrets, informer l'émir, demeuré à Barka, de la situation précaire faite à la Kahéna.

Il dépeignit l'abandon des alliés, les soulèvements partiels mais fréquents , le mécontentement des Berbères et des Grecs. Il traduisit les ferments de révolte chez ces populations ruinées et troublées dans leur foi, par les caprices de la sorcière le retenant captif.

Hassan, qui ne songeait qu'à venger sa défaite, parfaitement renseigné par Khaled de la situation de son ennemie, profita bientôt de l'arrivée de renforts en hommes et en argent et se mit en campagne (703).

Dès qu'ils purent apprendre la marche de l'ennemi, les Berbères et les Grecs, lesquels dans un but de défense commune contre l'Arabe envahisseur, s'étaient autrefois groupés autour de la reine, devenus misérables par suite de ses dévastations, séparèrent leur cause de la sienne ; et la Kahèna se trouva à la veille du danger, réduite aux seules forces des gens de sa tribu.

Hassan avait beau jeu ; il ne perdit pas son temps, et marcha directement sur l'Aurès, en passant par Gabès et Gafsa.

La Kahèna connaissait trop l'ennemi auquel elle avait affaire, pour conserver la moindre illusion sur le sort qui lui était réservé. Dans le but de tirer vengeance des Berbères et des Chrétiens qui l'avaient abandonnée, elle fit des ouvertures à l'émir, lui offrant de passer avec ses forces au service des Musulmans.

Elle envoya Khaled avec ses fils, en otages aux Arabes, mais l'émir n'accepta pas la soumission offerte et garda les otages.

La Kahèna se vit alors obligée de se retirer dans ses retraites de l'Aurès, où bientôt atteinte, elle dût accepter le combat.

La bataille fut longue, elle fut acharnée. Les Juifs, à la tête desquels quelques anciens officiers de Kocella étaient encore restés, purent un moment espérer pouvoir repousser l'ennemi ; mais leurs positions, imprenables de face, furent à la fin de la journée tournées par les Arabes guidés par Khaled et ils furent en partie massacrés.

La reine cependant, avait pu échapper au désastre de son armée, à la ruine de sa fortune, à la trahison de son amant.

Comme les Arabes tenaient à s'emparer de sa personne, sa tête étant mise à prix, la Kahèna envoya à l'émir la tête d'une femme avec laquelle elle avait quelque ressemblance, accréditant ainsi le bruit de sa mort.

Entourée d'un petit nombre de compagnons demeurés fidèles dans l'adversité, elle pût avant de mourir, pleurer au désert sa puissance disparue et son amour perdu.

On montre son tombeau à *Bir-el-Kahèna*.

Ceux de sa tribu épargnés embrassèrent l'Islamisme. Ils fournirent même à l'émir victorieux un corps de douze mille auxiliaires, à la tête desquels les fils de la Kahèna furent placés, sous le commandement immédiat de Khaled, investi de toute la confiance d'Hassan.

Ces juifs convertis, firent à leur tour une guerre implacable aux Berbères et aux Grecs ; et c'est grâce à leur concours, que l'émir pût rapidement réduire les derniers éléments de résistance, qui tenaient encore en Afrique, 705.

La conquête de l'Afrique par l'Islam devint alors définitive.

En 711, lorsque Tarik, ex-officier de Kocella et berbère converti à l'Islamisme, appelé par les Juifs établis en Espagne qui lui avaient envoyé à Tanger des vivres et des vaisseaux, passa le détroit avec douze mille guerriers, le chef musulman n'avait pas avec lui pour envahir la Péninsule, plus de trois cents Arabes ; le reste de son armée se composait de Juifs de la Kahèna, convertis à l'Islam, après la défaite de leur reine (1).

La conquête de l'Espagne par l'Islam, fut donc plutôt une conquête juive.

---

(1) Une autre grande tribu juive était celle des Médiouna dont le territoire s'étendait sur toute la portion centrale de la province d'Oran, occupée de nos jours par les Beni-Amer. Elle s'affaiblit considérablement en fournissant des contingents aux Arabes asiatiques quand ceux-ci passèrent le détroit de Gibraltar sous la conduite du Berbère Tarek. Les autres tribus juives dont les noms nous ont été transmis par les historiens arabes, étaient les Nefouça de l'Afrique propre, les Fendelaoua, les Behloula, les Ghiatsa, les Fazaf de la Mauritanie ou Maroc actuel....

Nous avons trouvé en Algérie, plusieurs de ces groupes, dont les

Tarik avait consenti aux Juifs espagnols, des garanties sur ses succès futurs ; aussi, quand les envahisseurs de l'Espagne s'emparaient d'une région et prenaient une ville, ils les livraient aux Juifs fixés dans le pays et marchaient en avant.

Les Juifs espagnols se remboursaient ainsi de leurs avances faites aux envahisseurs et ramassaient en outre des fortunes immenses, prélevées sur les autochthones qui avaient si généreusement accueilli les errants d'Israël réfugiés en Espagne à la suite des dispersions de Ptolémée le Lagide, de Titus et d'Hadrien.

Les Juifs ainsi enrichis, facilitèrent toujours et de tous leurs moyens les empiètements des Maures contre la Chrétienté.

Les Juifs parlent souvent avec enthousiasme de la reine juive des Aurès. La légende a grandi sa mémoire, l'entourant d'un merveilleux qui souvent inspira les poètes hébreux. On voit ce qu'il faut retenir de cet épisode de la conquête de l'Afrique par l'Islam.

Certes, la Kahêna ne fut pas une femme ordinaire, et elle sut habilement tirer un moment avantage du prestige que lui avaient valu auprès des primitives nations berbères son don de divination, ses sortilèges et ses charmes.

Mais, cette fille ardente de Judée, diseuse de bonne aventure, tout entière livrée à son amour sénile ; obéissant aux instincts de sa race que nulle force au monde ne pouvait alors tempérer, puisqu'elle était la reine, passa comme un fléau.

---

individus avaient adopté les vêtements et certains usages particuliers aux tribus au milieu desquelles ils vivaient, comme ceux d'Europe ont adopté des costumes et des usages spéciaux aux Européens naturels. Mais les uns comme les autres n'ont jamais fait le sacrifice d'une parcelle de leurs anciennes mœurs ni de leur religion.

C'est ainsi que dans des tribus nomades des environs d'Aïn-Beïda, de Sétif et de Bousaâda vivaient des communautés juives qui ont causé une grande surprise à nos premiers officiers des affaires arabes.

F. Gourgeot, *La Domination juive en Algérie.*

La Kahèna fit plus de mal à l'Afrique, pendant les cinq années que dura son empire et surtout au cours des trois dernières années de son usurpation, que n'en avaient fait deux siècles auparavant toutes les excursions des Vandales, lesquels cependant, portent encore la triste renommée et la responsabilité devant l'histoire, des dévastations épouvantables de la Juive des Aurès.

# LES

# JUIFS D'AFRIQUE SOUS LES EMPEREURS

## LES KHALIFES ET LES DEYS

SOMMAIRE :

Les Juifs et les conciles. — Prescriptions des Constantin. — Les Vandales et la prospérité d'Israël. — Les Juifs sous les Byzantins. — Immigrations successives. — Les Juifs et les Arabes. — Création des écoles hébraïques de Kairouan. — Les Juifs appellent et guident les Northmans. — Charles le Chauve et Sédécias. — Les Juifs sous les Khalifes. — Port d'insignes dégradants. — Les Juifs à sonnettes. — Manquement à la promesse de l'arrivée du Messie. — Les nouveaux Musulmans. — Méfiance justifiée. — Le jaune de Juif. — L'impôt de capitation. — Immigrations de 1391. — Inquiétudes de la communauté. — Le rabbin Barchichat. — Familles rabbiniques. — La chute de Grenade. — Immigrations de 1492. — Huit cent mille Juifs débarquent en Afrique ; ils apportent la syphilis. — Charles-Quint devant Alger. — Le chevalier de Savignac. — Retraite des Chrétiens. — Allégresse des Juifs. — Prières spéciales. — Expédition du Comte O'Reilly. — Défaite des Chrétiens. — Excès commis par les Juifs. — La création des Mokaddems et l'organisation des Israélites. — Etat social des Juifs. — Conversions forcées. — Les tribus juives de l'intérieur. — Le placement d'une cargaison. — Interdiction du commerce de l'argent. — Le Juif n'est pas plus qu'un chien. — Le ghetto. — La responsabilité collective en matière d'accidents. — Omnipotence des Juifs ; leur massacre. — Le chaouch du Bey Achmet.

# LES JUIFS D'AFRIQUE SOUS LES EMPEREURS

## LES KHALIFES ET LES DEYS

Les premiers Pères de l'Eglise ont toujours fait tous leurs efforts pour empêcher les chrétiens d'avoir des relations avec les Juifs.

Les conciles de Laodicée et de Carthage, furent obligés d'interdire d'avoir avec les Juifs les moindres rapports, même les plus innocents, 320, après J.-C.

Le concile de Nicée défend de manger avec eux, 325.

Deux cent soixante ans auparavant, Néron avait favorisé les Juifs, les employant en qualité de délateurs des Chrétiens alors persécutés, trouvant dans leur concours à satisfaire une haine commune.

L'empereur Constantin commença par détruire les synagogues d'Afrique.

Constance, son successeur, défendit tout rapprochement entre Juifs et Chrétiens. Tout Chrétien convaincu de relations avec les Juifs, était puni par la confiscation de ses biens et privé de la faculté de tester.

Les Juifs respirèrent au moment de l'arrivée des Vandales. Ces derniers étaient Ariens et ennemis des Catholiques ; les Juifs surent servir leurs intérêts politiques et religieux aux dépens de ceux des Catholiques, et pendant un siècle que dura en Afrique la domination vandale, 435 à 534, ils centralisèrent entre leurs mains tout le commerce et l'industrie, réalisant des fortunes immenses.

Mais en 535, Salomon, général de Justinien, ayant chassé les Vandales, fit expier aux Juifs leur conduite passée; il convertit leurs synagogues en églises chrétiennes et les força à embrasser le Christianisme.

Depuis Justinien jusqu'à la conquête arabe, les Juifs disparaissent, à part quelques tribus réfugiées dans l'Aurès et le Mzab. Ces tribus devaient jouer un grand rôle dans les dévastations dont l'Afrique fut l'objet à la fin du VIIe siècle.

Les chroniqueurs arabes racontent que les gens de Tripoli ou Khem et leurs alliés étaient Juifs ; de même que les gens du Sahara (Touareg) descendaient de Adjoudj ben Tikran le le Juif.

Les habitants des ksours du Sahara étaient des Juifs, des Beni-Abd-Dar.

Ces peuples pratiquaient la religion juive et suivaient la Souna, qui leur fut apportée par Okba ben Talab el Fehery, à sa venue dans le Maghreb.

A Souf, il y avait des descendants du roi David.

« Un Juif, » dit El-Kaïrouani, « commandait à Ben-Zert » (Bizerte) ». Lorsque cette ville fut réduite, les habitants des environs, pour punir les Juifs de leur insolence au temps de leur prospérité, choisirent le samedi pour jour de marché, afin que ces derniers ne puissent y faire leurs approvisionnements.

Des Juifs en grand nombre, chassés de Khaïbar par Mohamed, vinrent en Afrique vers 628, où ils avaient été précédés par une immigration de leurs coreligionnaires chassés d'Espagne par Sisebut, roi des Goths, en 613. Une nouvelle immigration des Juifs d'Arabie, définitivement expulsés par le khalife Omar eut encore lieu en 719.

A l'arrivée des Arabes, les Juifs d'Afrique de la Kahéna, après la mort de leur reine, leur offrirent leurs services contre les Berbères autochthones et les Chrétiens ; ces services furent récompensés et les Juifs purent s'organiser, sous la protection des Khalifes. Ils créèrent des écoles de médecine et de lettres à Kaïrouan. Un médecin juif de Kaïrouan, Ishaq ben Suleïman Israëli, est l'auteur d'un traité des fièvres, ouvrage réédité en 1516, à Leyde, sous le titre : *Opera Isaci.*

L'école de médecine de Kaïrouan était en pleine prospérité sous le gouvernement de Ziadet-Allah, vice-roi d'Ifrikia en 820.

Les praticiens sortis de l'école de Kaïrouan se répandaient jusqu'en Europe ; un des plus connus d'entre eux, est le Juif Sédécias, médecin de Charles le Chauve.

Charles le Chauve, petit-fils de Charlemagne, venait de se faire proclamer par le pape, empereur d'Occident ; il avait ceint en passant à Milan, la couronne des rois Lombards, et venait d'ajouter l'Allemagne à la France.

Réunissant ses vassaux à Kiersy-sur-Oise, il signa un capitulaire reconnaissant en droit l'hérédité des fiefs et des offices ; constituant par ce fait l'hérédité des fonctions publiques. Tout un ordre social nouveau, qui n'a pas encore complètement disparu, résultait de cet édit, qui était la consolidation de la monarchie catholique.

Les Juifs, venus en France avec l'invasion arabe et encore tolérés dans les villes du Midi : Nimes, Agde, Béziers, Carcassonne, Narbonne, reprises en 759 par Pépin aux Sarrazins, voyant dans l'affermissement de la Chrétienté, un temps d'arrêt dans la domination rêvée, appelèrent les Northmans contre les Chrétiens de France, comme ils avaient appelé 166 ans auparavant les Musulmans d'Afrique, au pillage des Chrétiens d'Espagne.

Les Northmans ou Normands, venus des régions stériles de la Norvège, de la Suède et du Danemark, étaient encore idolâtres, adorant Thor et Odin, rêvant des paradis du Walhalla, réservés aux braves tombés dans les combats.

Renseignés et guidés par les Juifs, ils remontèrent nos fleuves et pillèrent nos côtes. A l'instigation de leurs guides, leur premier acte de conquérants était de verser le sang des prêtres chrétiens et de faire coucher leurs chevaux dans les églises, chantant aux chrétiens disaient-ils : *la messe des lances*; pillant la France et les côtes d'Italie.

Le Juif semble obéir à une sorte d'atavisme. Dans l'histoire de tous les peuples, les preuves de ses trahisons foisonnent. Pour la France, citons les lignes suivantes d'Henri Martin :

« Au commencement de 848, les Normands de la Charente » retournèrent dans la Garonne et assiégèrent Bordeaux. » Karle, qui venait d'arriver en Aquitaine, tailla en pièces » quelques uns des pirates qui étaient entrés dans la Dor- » dogne ; mais ce faible avantage n'empêcha pas les Normands » de pénétrer une belle nuit dans Bordeaux, grâce à la tra- » hison des Juifs bordelais. Ces tragiques histoires de villes » livrées par les Juifs aux ennemis des Chrétiens reviennent » souvent dans les chroniques du moyen-âge. Bordeaux fut » pillé de fond en comble et livré aux flammes. » (*Hist. de France*, t. II, p. 434, édit. Furne).

Henri Martin n'écrivait pas un réquisitoire contre Dreyfus et le fameux Syndicat, mais il était édifié sur le patriotisme juif.

Les Juifs, qui trouvaient à gagner à ce désordre qu'ils avaient provoqué, voyant que Charles-le-Chauve, dans un but patriotique de défense contre l'envahisseur, était parvenu après l'édit de Kiersy, à grouper autour de la monarchie les concours nécessaires pour amener la pacification et la tranquillité des états chrétiens, le firent empoisonner en 877, au pied du Mont Cenis, par leur coreligionnaire Sédécias, qu'ils avaient mis auprès de lui, comme ils mirent plus tard leur coreligionnaire Bauer auprès de l'Impératrice Eugénie pour détruire la France de Napoléon III, et se servent à présent des

Syndicataires de la trahison et du cuistre Zola, pour essayer de détruire, si possible, notre nationalité.

Les annales de Saint-Bertin rapportent, que ni le vin ni les aromates dont on remplit le corps de Charles-le-Chauve, empoisonné par Sédécias, ne purent chasser l'odeur infecte que répandait ce corps. Il fallût placer la dépouille mortelle de l'empereur dans un tonneau enduit de poix et enveloppé de cuir. On ne pût même le porter à Saint-Denis ; on s'arrêta à Nantua, où il fut mis en terre, avec le tonneau qui le renfermait.

Les lauréats de la faculté de médecine de Kairouan, n'oubliaient pas de servir Israël !

Abul Hassan, sultan d'Edris, accorda aux Juifs droit de cité à Fez, moyennant un tribut annuel de 30,000 dinars, environ 300,000 francs de notre monnaie.

En 855. le 10e khalife Abasside, Motawakel, ordonna que les Juifs étaient incapables d'occuper un emploi public. Il leur interdit l'usage des étriers; leur enjoignit de ne monter que sur des ânes ou des mulets ; les obligea à attacher aux portes de leurs habitations des figurines de chiens ou de singes; leur fit porter des ceintures de cuir, leur défendant de s'habiller comme les Musulmans et d'envoyer leurs enfants dans les écoles fréquentées par les enfants des Musulmans.

Le khalife fatimite Hakem, 1040, leur ordonna de porter suspendues à leur cou des figurines de veau, en commémoration du veau d'or qu'ils avaient adoré au désert ; et comme les Juifs fabriquant ces figurines en or ou en argent en faisaient à la fin un objet d'ornement, il les contraignit à suspendre à leur cou des morceaux de bois pesant six livres et d'attacher à leurs vêtements, des sonnettes, destinées à les faire reconnaitre de loin.

On ne voit pas très bien la bande dreyfusarde, les grands Juifs de France, aujourd'hui possesseurs de la plupart de nos châteaux historiques, comme ils le sont aussi du plus clair de la fortune nationale ; ou nos petits préfets ou nos sous-préfets hébraïques, portant comme les mulets de la gabelle, des séries de grelots suspendues à leur cou. Quel tapage à la Bourse de Paris, ou dans nos préfectures, avec ces carillons ! Et sous nos arcades, le samedi !

Le prophète Mohamed avait assigné aux Juifs, cinq siècles pour recevoir le Messie ou pour se convertir. Les Juifs acceptèrent cette condition.

Le 2 septembre 1106, l'échéance était arrivée et le Messie vainement attendu n'était pas venu. Mis en demeure d'embrasser l'Islamisme, les Juifs d'Afrique corrompirent à prix d'or le vizir Abdallah-Ibn-Ali et purent ainsi éluder, momentanément, la promesse faite par leurs aïeux cinq siècles auparavant ; mais ils n'échappèrent pas au pillage de leurs biens, qui fut la conséquence de leur manquement aux engagements pris.

La promesse faite au Prophète, tenait au cœur de ses successeurs. En 1146, las d'attendre la venue d'un Messie qui n'arrivait jamais, le khalife Almohade, Abd-el-Moumen, somma les Juifs d'avoir à embrasser l'Islamisme, punissant leur refus de la peine de mort. Un très petit nombre de juifs résistèrent aux injonctions du khalife ; la plupart se convertirent. Mais, s'ils firent en public profession d'Islamisme, ils n'en restèrent pas moins, au fond de leurs demeures, fidèles à la loi de Moïse.

Les rabbins leur expliquaient : que si le Talmud recommande de donner sa vie plutôt que de faire acte d'adoration dans un autre culte, cela ne s'appliquait qu'à l'idolâtrie et nullement aux religions admettant l'unité de Dieu, à la condition de rester Juif au fond du cœur.

Toutefois, le khalife, se défiant de la sincérité de la foi de ces Musulmans forcés, leur imposa un costume les distinguant des vrais et anciens croyants.

Les Juifs convertis, durent porter de longs et lourds vêtements noirs, avec des manches d'une grandeur et d'une largeur démesurées, et en place des turbans, des voiles laids et grossiers.

En 1147 et 1172, deux faux Messie se présentèrent pour consacrer la promesse faite à Mohamed ; l'un deux, consentit même à se laisser décapiter, promettant de ressusciter après sa mort ; l'exécution eut lieu, mais le décapité ne ressuscita pas.

L'histoire n'a pas conservé le nom du héros de cette bravade, martyr dans son genre.

Le khalife El-Nassir changea la forme et la couleur des vêtements des Juifs, leur ordonnant de porter des turbans et de longs caftans de couleur jaune. C'est de là que les Arabes ont donné à la couleur isabelle des chevaux, le nom de *Sfer-el-Yehoudi* (jaune de Juif), et qu'ils regardent cette couleur comme étant d'un mauvais présage. Parlant des chevaux de cette robe, les Arabes ne manquent jamais de dire : « Le gris » de fer et le jaune de Juif, si le maître revient, coupe-moi la » main. »

Le khalife Yahia, s'emparant du Maroc, y trouva des Juifs ; il les massacra tous et confisqua leurs biens.

Au XIIIe siècle, les Juifs revenus en nombre, durent se faire Musulmans, mais on les tenait dans la plus profonde ignorance. Malgré leur conversion, comme on les savait peu sincères, on leur appliqua l'impôt de capitation la Djeziah, tout d'abord s'élevant à 19 francs environ par tête et par an. La communauté était rendue solidaire de cet impôt, devenu par le fait collectif, qui fut désigné sous le nom de « Canoun ». Cet impôt finit par s'élever, avec le temps, jusqu'à 35 dinars par personne et par an, soit 350 francs environ de notre monnaie ;

les princes en employaient le montant à des fondations pieuses et à l'entretien des hôpitaux, sans préjudice des réquisitions et corvées dépendant de leur bon plaisir.

Les Juifs disparaissaient peu à peu et on pouvait entrevoir l'instant très rapproché où les conversions à l'Islamisme et l'exode, allaient débarrasser à jamais l'Afrique de leur présence, lorsqu'en 1391 eut lieu à Majorque, Castille et Aragon, un soulèvement général contre les Juifs, accusés d'avoir empoisonné les fontaines, de s'être approprié la plus grande partie de la fortune publique et d'avoir, en toute circonstance, servi les intérêts des Sarrazins contre la Chrétienté.

Un nombre considérable de Juifs vint chercher un refuge en Afrique. Les Arabes les laissèrent débarquer, y trouvant un profit momentané ; en effet, chaque immigrant était tenu de payer au débarquement, un droit fixé à un doublon d'Espagne, environ 26 francs ; d'acquitter en outre des droits d'entrée très élevés sur ses effets et marchandises et de se conformer enfin à l'impôt de capitation, la Djèziah, transformé en « Canoun. »

Les Juifs déjà installés, voyant leurs intérêts compromis par suite de l'arrivée d'un si grand nombre de coreligionnaires pour la plupart sans ressources ; obligés de se rendre solidaire des nouveaux débarqués pour le paiement de l'impôt de capitation, en vertu de la responsabilité collective exigée, essayèrent de s'opposer à cette intrusion dans leur communauté.

D'autre part, les autorités musulmanes ayant prélevé les droits perçus à l'entrée, ne demandaient pas mieux que de voir repartir ces dangereuses recrues, et elles étaient sur le point de céder aux sollicitations des communautés mécontentes de cet accroissement inattendu de coreligionnaires, lorsqu'un immigrant, homme fort habile, arrangea l'affaire à prix d'or avec les pachas.

Les Juifs furent alors mis à terre.

Cet immigrant était le rabbin Isaac-Bar-Schescheth-Barfath, plus connu sous le nom de rabbin Barchichat.

Rien que par le port d'Alger, 45,000 familles, représentant plus de 200,000 personnes, débarquèrent d'un seul coup.

L'immigration fut proportionnellement aussi considérable par les ports d'Oran, de Tunis, de Mostaganem, de Ténès et de Bougie.

Des points de débarquement, les Juifs chassés d'Espagne, se répandirent dans l'intérieur et se fixèrent en grand nombre à Constantine, Milianah, Tlemcen et Médéah.

Les Juifs d'Afrique se divisèrent alors en deux groupes, les anciens : *porteurs de turbans « baalé hamiçnefeth »*, les nouveaux, les Espagnols : *porteurs de bérets « baalé el kipron »*.

A l'exception de Tunis où les *porteurs de turbans* conservèrent toujours leur autonomie, les *porteurs de bérets*, beaucoup plus nombreux, finirent par dominer leurs anciens coreligionnaires.

De cette époque, date la venue en Afrique des familles :

Isaac Bar-Schescheth-Barfath, à Alger.
Simon ben Cémach Duran, à Alger.
Amran ben Merouas Ephrati, à Oran.
Joseph ben Menir, à Constantine.
Mimoun ben Saadia Nadjar, à Constantine.
Saadia Darmon, à Médéah.
Abraham ben Hakoun, à Tlemcen.
Ephrahïm Ankaoua, à Tlemcen.
Benjamin Amar, à Bougie.
Moïse Gabaï, à Bougie.

Ces familles étaient toutes issues de rabbins, alors influents auprès de leurs coreligionnaires chassés d'Espagne et des Baléares.

Isaac Barfath et Simon Duran, sont regardés par les Juifs, comme les véritables fondateurs du judaïsme Algérien.

Barfath ou Barchichat et Simon Duran avaient été expulsés, le premier de Tortose, le second de Majorque, où les Duran, originaires de Provence avaient émigré, lors de l'expulsion des Juifs de France par Charles le IV dit le Bel, en 1306.

La robe et la coiffure espagnole, *le béret*, que portaient ces rabbins en arrivant en Afrique, sont encore conservés par la communauté algéroise.

Les membres de quatre familles conservent le privilège de s'en revêtir le premier samedi suivant leur mariage. Les Duran portent les deux objets en leur qualité de descendants directs de Simon Duran ; les membres des trois autres familles ne portent qu'un seul de ces objets ; les Stora, dont l'aïeul Chaïm avait épousé une fille de Barfath ; les Seror, alliés aux Duran et les Ben Haïm, d'Alger, qui font remonter leur origine en Afrique avant l'arrivée des Juifs espagnols.

Au mois de Janvier 1492, Ferdinand et Isabelle, plantaient leurs étendards sur les murs de Grenade, après deux ans de siège, et l'émir Abou-Abd-Allah, reprenait le chemin de l'Afrique, où il mourait l'année suivante, presque misérablement, à Tlemcen.

La chute du dernier royaume musulman d'Espagne avait mis fin à la conquête arabe en Europe, conquête qui avait duré plus de neuf siècles !

Deux mois après leur entrée triomphale à Grenade, les rois catholiques décidèrent le bannissement des Juifs. « C'était » pour les Chrétiens, dit Mercier, la conséquence, le complé- » ment de la disparition du royaume musulman. L'Espagne » reconstituée, unifiée, n'aurait qu'un seul culte, celui du » Christ. En même temps cesserait la scandaleuse opulence de » ces mécréants dont les richesses entreraient en partie dans » la caisse du royaume, par la confiscation.

» Les Juifs essayèrent en vain de détourner l'orage, en
» offrant une partie de leur avoir. Le 3 mars 1492, fût signé, à
» Grenade, l'édit d'expulsion. Quiconque, parmi les Juifs,
» refusait d'entrer dans la religion chrétienne, devait sous
» trois mois, quitter l'Espagne sans pouvoir jamais y revenir. »

« Huit cent mille Juifs » dit Abraham Cahen, reçurent en 1492, l'ordre de quitter l'Espagne avant le 31 juillet, sans espoir de retour. Ils vinrent pour la plupart se réfugier en Afrique et augmenter d'autant le nombre des membres de la communauté africaine.

Parmi ceux qui arrivaient ainsi, on raconte le fait suivant : Un Arabe s'approchant du campement des Hébreux, vit une belle Juive et l'obligea à lui accorder ses faveurs en présence de ses parents et de toute la foule. Sa passion assouvie, il s'arma d'une lance et en perça la jeune femme, disant aux assistants qu'il agissait ainsi, parceque craignant avoir mis la jeune fille enceinte, il ne voulait pas que le fils de sa chair soit un jour élevé dans la religion des Juifs.

Ce fait rapporté par les Juifs eux-mêmes, ne dénote pas beaucoup de courage de la part des nombreux assistants à cet acte d'atroce barbarie.

Bientôt après cette nouvelle immigration, le bruit se répandait que les Juifs avaient apporté avec eux la syphilis en Afrique.

En 1541, l'empereur Charles-Quint parut devant Alger et bloqua cette ville. Débarquant le 23 octobre au fond de la baie, sur la rive gauche de l'Harrach, il s'empara le 24 des hauteurs du Coudiat Es Saboun, où il installa son quartier général au lieu dit aujourd'hui, et en commémoration : le « Fort de l'Empereur. »

Attaqué par les Algériens, il les repoussa jusqu'au pied de leurs remparts, où, au milieu des balles et des flèches, le chevalier de Malte de la langue de France, Ponce de Balaguer, chevalier de Savignac, vint planter son poignard dans la porte Bab-Azoun en s'écriant : Nous reviendrons! paroles prophétiques, dont nos contemporains devaient voir la réalisation.

Malheureusement une tempête détruisit une partie de la flotte commandée par Doria, et l'Empereur manquant de vivres et de munitions, fut contraint, le 27, de battre en retraite. Il se rembarquait le 11 novembre à Matifou, sur les rares vaisseaux échappés à la tempête.

Devant ce désastre de l'armée chrétienne, les Juifs d'Alger se livrèrent aux transports d'allégresse les plus bruyants, et leurs rabbins composèrent des chants d'actions de grâces. Ils célèbrent encore aujourd'hui, l'anniversaire du désastre des Chrétiens, par une fête qui se compose d'un jour de jeûne et d'un jour d'allégresse, les 3 et 4 du mois de Cheschvan (octobre-novembre). On y récite des poésies rappelant les faits de la lutte et l'échec de Charles-Quint.

« Consulter à cet égard le recueil des prières spéciales pour » les synagogues de la ville d'Alger et les poésies hébraïques » des rabbins : Moïse Meschich, Moïse el Acbi, Abraham ben » Jacob Tawah, Abraham ben Salomon Sarfati. »

En 1543, les Juifs de Tlemcen sont tués ou vendus comme esclaves.

En 1666, Charles II, roi d'Espagne, maître d'Oran et de Tlemcen, expulsa les Juifs, qui se retirèrent en Italie, principalement à Livourne, d'où une grande partie revint bientôt après en Afrique.

De 1708 à 1732, les Espagnols ayant momentanément abandonné Oran, les Juifs s'y établirent de nouveau ; mais ils en furent encore chassés lors de l'occupation nouvelle des Espagnols en 1732. Ils y revinrent en 1792, lorsque les Espagnols abandonnèrent définitivement Oran.

En 1775, Charles III roi d'Espagne, confia au comte O'Reilly Irlandais d'origine, une nouvelle expédition contre Alger, expédition forte de 25 000 hommes, embarqués sur 400 voiles, dont 170 vaisseaux de haut-bord.

Après avoir vainement essayé d'atterrir à Sidi-Ferruch, chassant devant le temps, la flotte jeta l'ancre le 30 Juin devant Alger.

Les troupes débarquèrent le 7 Juillet près de l'embouchure de l'Harrach, au lieu même où Charles-Quint avait débarqué deux cent-trente-quatre ans auparavant ; mais, les Espagnols vigoureusement repoussés, furent obligés après deux jours de combats, de regagner leurs vaisseaux. Ils avaient perdu beaucoup de monde et laissaient aux mains des Algériens de nombreux blessés et un certain nombre de prisonniers.

Les Algériens pillèrent le camp abandonné, profanant les cadavres, achevant les blessés. Les Juifs se distinguèrent par leur ardeur dans cette besogne. Ils empalaient les cadavres des Chrétiens avec les pièces de bois des chevaux de frise, les promenaient ignominieusement, et les jetaient ensuite décapités dans les flammes, après les avoir souillés,

Le dey d'Alger Mohamed, avait promis lors du débarquement des Espagnols, une prime de un douro, (cinq francs), par paire de testicules de chrétiens, qui lui serait apportée.

Les Juifs d'Alger ayant appris la défaite de l'armée Chétienne, sortirent en grand nombre de la ville, et se portèrent aux lieux où les combats avaient été livrés.

Armés de grands couteaux, *flissas*, ils mutilèrent les morts et les blessés et rentrèrent à Alger, avec des sacs de cuir remplis de leur triste butin.

Au soir, le dey ne payait plus qu'un demi douro ; ce prix descendit encore ; à la fin, le dey ne donnait plus aux Juifs, qu'un oignon par trophée.

Pas un seul combattant ne voulût profiter de cette prime,

dont le bénéfice fut laissé entièrement aux Juifs, qui n'avaient pas combattu.

Les Juifs d'Alger célèbrent encore de nos jours l'anniversaire de cette défaite des Chrétiens, le 10 et le 11 du mois de Tammouz (Juin-Juillet). A cette occasion, leurs rabbins Azoubib et Sidoun Ischoua, ont composé des poésies hébraïques faisant partie du recueil pour les prières spéciales des synagogues.

Les immigrations des Juifs espagnols de 1391 et 1492, avaient considérablement augmenté le nombre des Juifs d'Afrique, aussi étaient-ils l'objet d'une surveillance constante et spéciale de la part des représentants du beylik.

Les Beys leur désignaient des mokaddem, ou chefs, choisis selon leur bon plaisir parmi ceux d'entre eux qui avaient su capter leur confiance.

Le mokaddem exerçait sur ses coreligionnaires un pouvoir absolument discrétionnaire. Par une complaisance sans bornes envers les beys ou les pachas, le mokaddem devenu tout puissant, exerçait le plus souvent ses fonctions avec tyrannie et arbitraire.

A côté de ce sultan au petit pied, il y avait le conseil de la communauté, choisi par le mokaddem, composé par conséquent de gens entièrement à sa dévotion.

Les Juifs avaient leurs tribunaux pour leurs différends entre Juifs, et leur statut personnel était régi par leurs rabbins, auxquels tous pouvoirs étaient conférés.

En outre de ces hauts fonctionnaires, il y avait les agents subalternes : les Guisbarim, caissiers de la communauté, les Gabaï, chargés des funérailles ; les Chaber, maîtres des cérémonies aux fêtes et mariages ; organisation existant encore de nos jours.

Pour distinguer les Juifs des autres habitants, on leur imposa alors un costume spécial, permettant de les reconnaître de loin.

Les grelots étaient supprimés, mais la chéchia ou calotte rouge, avec turban, leur étaient interdits. Il ne pouvaient porter qu'une chéchia de couleur sombre, violet ou bleu foncé, avec un foulard gris sombre ou noir, couvrant la tête et les oreilles.

Les vieillards seuls étaient autorisés à porter la « Kouassa », foulard couvrant la tête et les oreilles ; quelquefois, ceux d'entre eux qui cherchaient à faire « fantasia », enroulaient autour de la tête et du cou des morceaux d'étoffe blanche, tendant à imiter le turban.

Le burnous des Juifs ne devait être ni blanc ni gris clair, mais gris foncé ou bleu.

Leur chaussure consistait en « tcharpi » soulier sans quartier ni talon ; en « bettim », soulier juif, à talons, sans quartier ; en « Bolgha », pantoufle sans talon, dont le quartier se rabat dans l'intérieur du soulier ; le tout de couleur sombre.

Le vert leur était formellement interdit.

La défense de chevaucher persistant, il leur était défendu d'une manière absolue, de monter à cheval ; on leur permettait l'âne ou le mulet, mais seulement hors des villes, où ils devaient aller à pied.

Ils ne pouvaient se servir de selles, les bâts, seuls, leur étaient tolérés.

L'entrée des Mosquées était interdite aux Juifs.

Quand un Juif passait devant une mosquée ou le palais du bey ou du pacha, il devait prendre sa chaussure à la main et marcher nu-pieds. L'oubli de cette prescription était immédiatement puni par une forte bastonnade, sans aucune forme de procès.

Si un Juif, voyageant dans la montagne, monté sur un âne ou sur un mulet, rencontrait sur la route un perconnage musulman, il devait descendre de sa monture, la prendre par la bride, se ranger avec elle sur les côtés du chemin à une distance respectuese du Musulman, et ne pouvait remonter sur sa bête, que lorsque le Musulman avait entièrement disparu.

Le premier Musulman venu, avait sur les Juifs droit de réquisition ; il pouvait leur imposer des corvées qu'il n'aurait demandées ni à des esclaves, ni à des bêtes de somme ; les chargeant de fardeaux, sans pour cela être obligé de les rétribuer.

Les femmes juives ne pouvaient se refuser aux désirs érotiques des Musulmans.

Un Musulman prenait le premier juif rencontré sur son chemin et le forçait à lui servir de monture, lui mettant même, selon son bon plaisir, un mors dans la bouche et le guidant ainsi comme on guide une bête de bât. Le juif qui refusait était mené chez le cadi, où, après avoir reçu la bastonnade, il était jeté en prison et souvent vendu comme esclave, à moins qu'il ne se fit Mahométan.

Des quantités considérables de Juifs devinrent ainsi Mahométans, on en reconnait encore des groupes importants : les Medjarias de Tuggurth ; la tribu des Zemoul, près de l'Aïn-Feskia ; des tribus du M'zab ; dans l'Aurès, les tribus des Ouled Zelan ; des Ouled Abdi ; des Ouel-Daoud ; les habitants des villages de Menâ et Narâ ; en Kabylie les Beni-Bou-Yacoub et les Aït-ou-Braham.

Ces renégats, tenus à l'index des autres Musulmans, célèbrent encore la Pâque, observant le repos pascal, nettoient à fond à ce moment leurs maisons ou gourbis, et lavent à cette occasion leurs hardes avec soin. Ils ne travaillent pas le samedi et ne touchent pas au feu, de la nuit du vendredi au samedi.

On permettait aux Juifs de faire du commerce, et ils étaient les intermédiaires des transactions avec l'Europe. En échange de cette tolérance, ils devaient approvisionner les fonctionnaires du beylik de tous les objets utiles à leur consommation personnelle, et pourvoir aux besoins ainsi qu'aux fantaisies des femmes des harems.

Dans ces circonstances, la communauté israélite subvenait collectivement aux dépenses imposées.

On raconte qu'un bey, ayant en magasin une cargaison de chaussures prise par un corsaire, fit appeler le mokaddem avec deux de ses coreligionnaires ; il leur fit présenter un échantillon de ces chaussures, désirant leur disait-il, en chausser ses soldats ; puis, il leur demanda le prix que pouvait valoir cette marchandise, de l'achat de laquelle il désirait les charger.

Les Juifs flairant une bonne affaire, fixèrent un prix tout à fait hors de proportion avec les bénéfices ordinaires du commerce.

Pour les punir, le bey les conduisit dans ses magasins, où, leur montrant la cargaison, il leur ordonna d'enlever aussitôt toutes les chaussures en provenant, leur accordant 24 heures pour en solder le montant en espèces, au prix de leur estimation.

La communauté réunit les fonds dans la nuit. Le lendemain, les Juifs avaient payé.

Si le commerce des marchandises leur était permis, l'usure leur était formellement interdite. On ne connaissait pas le commerce de l'argent en Afrique, avant la prise de possession de l'Algérie par la France !

Les Musulmans tenaient les Juifs en un tel mépris, qu'ils les autorisaient, eux, si jaloux de leur « *home* » à aller leur offrir leurs marchandises dans l'intérieur de leurs maisons, dont l'entrée est constamment interdite à leurs coreligionnaires et aux Chrétiens. Ils ne les estimaient pas assez pour s'offenser de ce qu'ils puissent apercevoir leurs femmes sans voiles, parce que, disaient-ils : « Un Juif n'était pas plus qu'un chien ! »

Les Administrations de l'Etat employaient quelques Juifs en qualité de khodja (valet de bureau) ; mais ils étaient exclus de l'Administration des douanes, de crainte que par leur entente avec les commerçants, leurs coreligionnaires, ils n'arrivassent à frauder le fisc.

Les Juifs étaient parqués dans un quartier spécial, toujours situé à l'extrémité de la ville, quartier désigné sous le nom de Hara ou Scara. Dans les pays chrétiens ce quartier s'appelait le ghetto.

Avant l'arrivée des Français en Afrique, les Juifs ne possédaient pas de terres ; en admettant que l'acquisition leur en fut permise, ils n'auraient jamais pu trouver de fermiers « khammès », car, alors, il eût été dégradant pour un Musulman d'être au service d'un Juif et travailler pour lui. Les habitudes se sont, depuis, profondément modifiées.

Quand dans une maison juive, un accident venait à se produire, entraînant la mort de quelqu'un, tous les autres habitants de la même maison devaient payer au trésor public, la somme de cinq cents pièces d'or. A cette époque, les Compagnies d'assurances contre les accidents, n'auraient pas fait beaucoup d'affaires en Afrique.

En juin 1805, les Juifs ayant mis le dey Moustapha dans leurs intérêts, devenus tout puissants, accaparèrent les céréales du pays et tous les arrivages. La famine devint la conséquence de cet accaparement, faisant réaliser aux Juifs des bénéfices fabuleux dont Moustapha avait sa grande part.

La population d'Alger affamée se souleva, envahit la Djenina s'empara de la personne de Moustapha et après l'avoir tué, traîna son cadavre dans les rues. Moustapha passait pour être d'origine juive.

Un horrible carnage des Juifs s'ensuivit, les femmes elles-mêmes s'en mêlaient, s'offrant en récompense aux massacreurs qu'elles encourageaient du haut de leurs terrasses. Très peu de Juifs purent se réfugier dans les consulats, où quelques centaines à peine d'entre eux, échappèrent au massacre.

En 1854, à Constantine, on voyait souvent, assis à la terrasse du café des officiers, un vieillard vêtu à la turque, de belle tenue et de fière prestance, dont la tête, au profil régulier et énergique, était encadrée d'une longue barbe blanche.

C'était l'ancien *Chaouch* (bourreau) du *Bey Achmet*, gouverneur de Constantine, avant la conquête.

Sa réputation de force et d'adresse était restée légendaire parmi les Arabes, qui vantaient son habileté, sans égale, à faire sauter une tête d'un seul coup de yatagan.

Le *Chaouch* était une sorte de philosophe fataliste, pas banal, qui causait volontiers avec les officiers. Nous l'appellions *ich Allah* (s'il plait à Dieu), parce que c'était toujours ses deux mots de la fin. Un jour, au moment où j'entrais au café, il m'appela : *Aia Sidi* (viens Seigneur), *chouf hallouf* (vois ce cochon). Et de son œil menaçant, de son doigt tendu, il désignait un grand juif, à la tournure gênée, à l'œil louche, qui se pavanait sur la place, en veste, culotte et babouches brodées, avec turban et ceinture de soie.

« J'ai coupé la tête à son père, — me dit-il d'un air béat, et » je la lui couperais aussi si *Achmet* était encore le maître à » Constantine.

» Vois-tu, *Sidi*, le Juif c'est notre ennemi à tous. Si tu » empruntes un *douro* (écu de cinq francs) à un Juif, ta ruine » est certaine : il te prendra ta fortune et ton honneur.

» Si tu donnes le bout de ton petit doigt à une Juive, tout le » corps y passera.

» Les Français sont de braves soldats, de gais compagnons » et de bonnes gens, mais ils protègent le Juif : *ils sont perdus*.

» *Achmet* aussi protégeait le Juif à sa façon, qui ne sera » jamais la vôtre.

» Veux-tu savoir comment le *Bey* remplissait ses coffres ? »
Et sur un signe affirmatif, il continua :

« *Achmet* se servait, pour cela, de ses *janissaires* et des
» Juifs.

» Les janissaires, belle troupe, superbes cavaliers, s'en
» allaient, le fusil en travers de la selle et le yatagan au
» poing, de tribu en tribu, lever les impôts, faire payer les
» amendes, punir les récalcitrants et *razzier* les insoumis et
» les rebelles. Ils se battaient en plein soleil et y allaient
» fièrement de leur peau.

» Les Juifs, protégés du Bey, s'engraissaient dans l'ombre
» par l'usure et les rapines.

» Au désert, les hyènes, les chacals et les vautours font leur
» pâture des restes dédaignés par les grands fauves et les
» oiseaux de proie.

» Ainsi faisaient les Juifs, que l'on voit toujours à plat
» ventre devant les forts, insolents et sans pitié avec les
» faibles.

» Les Juifs, qui ne connaissent pas le travail et ne s'attel-
» lent qu'aux sales besognes et aux louches profits, achevaient
» la ruine des malheureux arabes (déjà vidés par les impôts,
» les amendes et les diffas), en tentant les hommes par leurs
» propositions de prêts d'argent, et les femmes, avec leurs
» pacotilles de bijoux et de soieries.

» Quand *Achmet* trouvait les Juifs suffisamment *gorgés*, il
» les imposait d'une forte somme, en indiquant le jour et
» l'heure du paiement, à la *Casbah*.

» Chose curieuse ! — s'exclama le *Chaouch*, en frappant la
» table de son poing fermé, — jamais la somme n'était com-
» plète, à la première réquisition ; chaque Juif comptait sur
» son voisin et ne donnait que le moins possible.

» *Achmet*, alors, faisait empoigner et conduire à la porte de

» la ville, une demi-douzaine de Juifs, choisis parmi les plus » riches, et... *je leur coupais la tête.*

» Pas n'était besoin d'une deuxième fournée ; l'argent arri- » vait de suite.

» L'exécution des Juifs était une fête pour les Arabes, » accourus en foule ; et tout profit pour le Bey, qui y trouvait » argent et popularité.

» Et le *Chaouch*, qui y allait volontiers de sa petite prédic- » tion, ajouta : Viendra le temps où les lions seront mangés » par les hyènes et ce sera grand pitié !

» *Le Français protège le Juif !*
» *Le Juif le mangera !* »

Puis, se levant, clignant de l'œil et riant dans sa barbe, il envoya son mot de la fin : *Ich Allah* (s'il plait à Dieu).

# LE COUP DE L'ÉVENTAIL

SOMMAIRE :

La Régence d'Alger et le Directoire. — Une histoire de brigands. — Bouchenak et Bacri. — Confiance mal placée. — Des ministres des finances d'un autre âge. — Un vol de sept millions. — Justes réclamations. — La France protège les Juifs. — Le Dey Hussein et le consul de France. — Le coup de l'éventail. — Satisfactions refusées. — Débarquement des troupes françaises en 1830.

# LE COUP DE L'ÉVENTAIL

Au cours des années 1793 et 1798, le dey Hassan avait prêté sans intérêts, au Directoire, une somme de cinq millions de francs, et fourni à la marine française, dans les même conditions, pour deux millions de francs de grains.

Le dey avait confié le recouvrement de cette somme à deux Juifs Livournais établis à Alger, Nephtali Bouchenak ou Busnach et Joseph Bacri, lesquels eurent le soin de se faire déléguer par le dey, dans ses droits.

Hassan mourut en 1798, Busnach périt dans le massacre de 1805 et Bacri fut mis à mort en 1808, sur l'ordre du dey Hadj Ali, qu'il avait trop volé.

Quand, en 1798, les Juifs eurent obtenu la délégation du dey Hassan dans ses droits contre le gouvernement français, ils envoyèrent en Europe des membres de leur famille, munis de leurs pouvoirs. Ces mandataires purent ainsi échapper au massacre de 1805.

Les successeurs du dey Hassan ayant négligé de revenir sur la délégation donnée aux Juifs par leur prédécesseur, les ayant-droits de Busnach et Bacri continuaient de poursuivre la créance du dey d'Alger sur la France, dont le paiement se trouvait retardé par suite des prétentions inadmissibles des Juifs, se prétendant délégataires.

En effet, ces derniers avaient d'abord réclamé à la France une somme de vingt-quatre millions, puis réduit leurs prétentions à quatorze millions, somme encore supérieure du double à celle réellement due.

Les ministres des finances de l'Empire et de la Restauration, soucieux des intérêts dont ils avaient la charge, refusaient, bien entendu, de satisfaire aux exigences des Juifs.

Les pourparlers durèrent jusqu'en 1820, époque à laquelle la créance du dey d'Alger, déléguée aux ayant-droits de Bacri et Busnach, fut d'une commune entente avec ces derniers, réduite à sa juste valeur, soit à la somme de sept millions de francs.

Le paiement de cette somme fut même autorisé par une délibération de la chambre des députés, en date du 24 juillet 1820.

Les ayant-droits de Bacri et Busnach encaissèrent donc les sept millions, qui leur furent versés par notre Trésor public et restèrent en France ; mais, en bons Juifs, ils négligèrent de restituer à la Régence d'Alger la part lui revenant.

Le dey, furieux de s'être vu jouer par des Juifs, réclama l'extradition de ses agents, lesquels n'avaient jamais, disait-il, agi qu'en qualité d'intermédiaires entre la Régence d'Alger et la France.

Notre gouvernement, qui n'aurait peut-être pas dû payer aux délégataires dans de telles conditions, répondit par une fin de non recevoir aux réclamations du dey, paraissant pourtant équitables. Déjà la France protégeait les Juifs ! Aussi, le dey Hussein ne cessait-il de se plaindre à notre consul, M. Deval, de la déloyauté de notre gouvernement.

Le carnet d'Arton n'existant pas alors, on n'est guère fixé sur le montant des pots-de-vin, les chèques n'ayant pas encore été inventés, qui furent la récompense de certaines complaisances.

Le 30 avril 1827, dans une réception à son palais de la Casbah, au milieu d'une fête donnée à l'occasion de la fin du Ramadan, le dey reprocha à M. Deval de s'être entendu avec les Juifs pour le spolier.

Le consul de France ayant répondu avec vivacité aux reproches du dey, Hussein s'emportant, le repoussa avec un chasse-mouche qu'il tenait à la main.

M. Deval se retira, protestant contre l'injure faite à la France en sa personne.

Le gouvernement français envoya aussitôt à Alger une division navale commandée par le capitaine de vaisseau Collet, exigeant des excuses publiques pour le consul, après quoi le pavillon français devrait être arboré sur les forts d'Alger et salué de 101 coups de canon.

Hussein refusa toute satisfaction, et le 15 juin 1827, la rupture entre la France et la Régence d'Alger, était dénoncée.

Le 14 juin 1830, l'armée française, forte de 37,000 hommes, sous les ordres du maréchal de France, comte de Bourmont, débarquait à Sidi-Ferruch, et quelques jours après s'emparait d'Alger, vengeant le coup d'éventail de la Casbah. L'Algérie devenait alors : terre de France, avant de devenir ce qu'elle est aujourd'hui : terre de Judée !

# FEMMES DE FRANCE ET FEMMES DE JUDÉE

**SOMMAIRE :**

Traditions opposées, entendement contraire. — La marmite du maréchal Bugeaud. — Les Juifs algériens, Femme aryenne et femme juive. — Jehanne d'Arc et Judith. — La délivrance d'Orléans et la délivrance de Béthulie. — La famille Loth. — Jésus et la femme adultère. — Esther et Assuérus. — Le massacre des Perses. — Origine de la fête de Purim. — L'opinion de Luther sur Esther et les Juifs. — Juifs et démons. — Hérode et Salomé. — Premiers effets connus de la danse du ventre. — Comment une maîtresse enceinte se débarrasse d'un mari gênant. — Le fruit de l'adultère ou le constructeur du Temple. — Incestes de Tamar. — Le lupanar de Jéricho. — La police des mœurs et madame Rabah. — Ces dames du rempart. — La légende des trompettes et les cordes à nœuds de la maison Rabah. — Jaël et Sisara ou l'hospitalité à coups de marteau. — Les bénédictions d'Israël. — Sainte Clotilde et Sainte Geneviève.

# FEMMES DE FRANCE ET FEMMES DE JUDÉE

L'opposition existante entre nos traditions et les traditions des Juifs, dénote entre eux et nous un entendement absolument contraire,

Le maréchal Bugeaud disait en parlant de l'opposition qui existait entre le caractère musulman et le caractère chrétien : « Mettez dans une marmite une tête d'arabe et une tête de » français ; faites bouillir à grand feu et aussi longtemps que » vous le voudrez, les jus extraits ne se confondront pas. » Il oubliait le Juif, qui est encore moins assimilable que l'est le musulman,

Deux caractères de femme ressortent dans l'histoire ; une femme aryenne et française ; une femme juive : Jehanne la pucelle, Judith la prostituée.

La première, la nôtre, humble fille des champs de notre chère Lorraine, obéissant à ses voix, traverse une partie de la France envahie, infestée de routiers. Elle passe à travers les partis anglais et bourguignons ; pénètre auprès du dauphin de France endormi dans les plaisirs de Chinon et oblige l'héritier de nos rois à lui confier une armée, avec laquelle elle délivre Orléans assiégé.

A la tête des troupes entraînées par sa foi, elle chasse partout les Anglais devant elle, et fait sacrer Charles VII, dans la cathédrale de Reims.

Sa mission achevée, elle continue à combattre, pour l'honneur, et est livrée par la trahison aux Anglais.

Après une épouvantab'e incarcération, victime d'une procédure infâme et conduite au bûcher, elle meurt vierge et martyre, priant pour ses bourreaux, en pardonnant au roi qui lui doit sa couronne et qui l'a lâchement abandonnée.

La deuxième, la leur, la courtisane de Béthulie, la Juive, obéissant aux incitations de ses concitoyens, se parfume le corps, revêt une riche parure, et va s'offrir au général de l'armée assiégeante.

Pendant quatre jours, elle prodigue à Holopherne, confiant en sa maîtresse, ses caresses savantes et profite du sommeil de celui qu'elle a énervé sous ses baisers lascifs, pour lui trancher la tête.

Elle meurt dans un âge avancé, honorée par son peuple.

Les Synagogues n'ont pas assez de prières pour perpétuer les louanges de la prostituée. C'est à peine, si chez nous, on se souvient de celle qui *bouta* les Anglais.

La différence entre les Juifs et les Aryens, est tout entière indiquée, par l'histoire de la fille de Béthulie et l'histoire de Jehanne.

L'Aryen va droit devant lui. Il sait mourir honnêtement pour son Dieu, pour sa patrie, ou pour l'honneur.

Le Juif ne s'attarde jamais aux moyens employés ; estimant que le succès les justifie toujours.

On ne saurait, quelque bonne volonté qu'on y mette, donner en exemple à nos filles, l'histoire des femmes de Judée :

Les filles de Loth, Loth le Juste ! enivrant leur père, profitent de son état d'ébriété pour goûter avec lui les plaisirs de l'inceste ; et le patriarche en gaîté, après avoir satisfait la plus jeune, satisfait encore l'aînée, qui avait attendu impatiemment son tour.

Cette estimable famille, dût à ses vertus privées, d'être épargnée lors de la destruction de Sodome. C'était, à ce que dit la Bible, ce qu'il y avait de mieux dans la population sémite de cette ville ardente.

Jésus, qui connaissait à fond le caractère et les mœurs de ses contemporains, indigné de voir des hypocrites et des pharisiens prodiguer des injures à la femme adultère, les arrêta avec ces mots :

« Que celui d'entre vous qui n'a jamais commis le crime » d'adultère, jette à cette femme la première pierre. »

Les insulteurs s'enfuirent, aucun dans cette foule, ne se sentant exempt du péché d'adultère.

Du reste, dans l'histoire des Juifs, on rencontre à tout instant, ce qu'on n'a jamais vu dans nos fastes : des femmes faisant servir leurs charmes aux haines et aux intérêts de la nation.

Au cours de la captivité, les Juifs méprisés, jetèrent dans les bras du gâteux Assuérus, une fille de Benjamin, la belle Esther, dressée à son métier par le Juif Mardochée, qui se disait son oncle. Admise au sérail du roi, Esther obtient tout d'abord pour prix de ses faveurs, le massacre de 500 des grands de la cour ; le lendemain, elle obtient encore 300 têtes des plus nobles du pays ; quelques jours après, elle arrache à la sénilité de son royal amant un édit qui livre le peuple à la haine des Juifs, lesquels massacrent en quinze jours, 75,000 de ceux d'entre les Perses qui ne s'inclinaient pas assez bas devant leurs captifs triomphants.

Esther est appelée par les Juifs, la *grande mère*, et tous les ans, ceux de sa race, célèbrent les massacres de la Suziane dans une fête solennelle, la fête de Purim, qui dure deux jours. (Purim signifie *pur !*

« Oh ! que le livre d'Esther est cher aux Juifs », s'écriait Luther ; « il est si bien accommodé à leurs sentiments sangui- » naires et empoisonnés ! Il ne se trouve aucun peuple sous le » soleil, qui soit si avide de vengeance, qui ait ainsi soif de » sang, se croyant peuple de Dieu, uniquement pour égorger, » immoler les nations. »

« Si les Juifs sont aux yeux de Dieu le peuple saint parce » qu'ils possèdent les paroles et la loi de Dieu, les diables en

» enfer sont plus dignes que les Juifs d'être le peuple de » Dieu, car les démons possèdent la parole de Dieu, qu'ils « connaissent mieux que les Juifs. »

Salomé, fille d'Hérodiade, excite par ses danses lascives la virilité de l'amant de sa mère, et se livre au Tétrarque, pour obtenir la tête de Jean, qui avait résisté aux lubriques désirs de la maîtresse d'Hérode.

Leur saint roi David, enlève Bath-Séba, femme de l'un de ses officiers nommé Urie, et pour ne pas être gêné dans ses amours, le roi des Juifs, à l'instigation de sa maîtresse enceinte de celui qui sera Salomon, envoie le mari à son général Joab avec l'ordre de le faire tuer aux avant-postes.

C'est de ce criminel adultère que naquit le constructeur du Temple, le vigoureux époux de trois cents beautés et l'heureux amant de la reine de Saba.

Tamar, fille de David, séduit son frère Amnon et lorsque ce dernier, sa passion repue, veut enfin l'éconduire, Tamar se traîne à ses genoux ; mais, chassée, elle se réfugie chez son autre frère Absalon et pendant deux ans l'obsède de ses supplications pour venger son injure, et Absalon cédant aux instances de sa sœur et maîtresse, fait assassiner Amnon.

A Jericho, c'est une tenancière de lupanar, qui livre la ville aux Juifs dans les circonstances suivantes :

Josué, chef des Hébreux avait envoyé dans la ville assiégée, deux espions chargés d'y créer des intelligences. Ces espions dénoncés, traqués par la police locale, se réfugient dans une maison publique, tenue par une mérétrix du nom de Rabah. Lors des perquisitions de la police des mœurs, Rabab, qui faisait la lessive, cacha les espions des Juifs sur le toit de sa maison, sous un tas de linges.

La maison de tolérance de madame Rabah était située sur le rempart, comme le sont encore de nos jours, les établissements de même catégorie, des villes fortifiées.

Rabah procure des cordes aux espions de Josué et les fait évader par le fossé des fortifications. Ce fut par le même chemin et avec le concours des dames de la maison Rabah, que Josué put faire entrer dans la ville une partie de ses hommes, pendant qu'il amusait les défenseurs de Jéricho, en feignant une attaque du côté opposé.

Les Juifs ainsi introduits dans la place, ouvrent une poterne abandonnée, par laquelle des troupes tenues cachées dans les roseaux font irruption dans Jéricho.

C'est de cette manière que la ville fût prise.

Les Juifs en passèrent tous les habitants au fil de l'épés, n'épargnant que madame Rabah et le personnel accueillant de son établissement numéroté.

Rabah finit ses jours, vénérée dans Israël.

Il y a loin de ce fait, que l'on trouve au chap. VI du Livre de Josué, à la légende faisant crouler les murs de Jéricho au son des instruments.

Les trompettes de Jéricho, ne sont que de vulgaires cordes à nœuds, de la maison Rabah.

Après la bataille de Thaanac où la prophétesse Debora défit les troupes de Sisara général de Jabin, roi d'Hatzor, Sisara dans sa fuite, demande l'hospitalité à Jaël femme de Héber le Kénien, chef d'une tribu juive vivant en paix avec Jabin.

Jaël invite Sisara à la suivre sous sa tente, lui prodigue ses soins les plus empressés et quand le fugitif brisé de fatigue s'est endormi sur son sein, rassuré, la Juive lui enfonce à l'aide d'un marteau un clou dans la tempe avec une telle violence, que la tête de Sisara demeure clouée au sol.

Qu'elle sort bénie entre les femmes, Jaël femme de Héber le Kénien ! psalmodient les Juifs dans leurs synagogues.

Ah ! que Clotilde la douce épouse de notre roi Clovis, et Geneviève la pastoure de Nanterre, sont donc loin de ces femmes de Judée, dont Israël s'honore !

# L'INVASION JUIVE

SOMMAIRE :

Prohibitions dont les Juifs étaient l'objet avant 1789. — Juifs représentants du peuple et ministres. — Statistique éloquente. — Tous domestiques. — L'invasion de l'Espagne. — Les petits paquets hébraïques. — Complot Judaïco-Islamique. — Les places fortes livrées. — Expulsion en masse. — Institution civile de l'Inquisition. — L'Espagne sauvée par l'Inquisition. — Vitalité de la nation espagnole. Les Philippines, Cuba et Madagascar. — Le *Blakburn*. — Des chalands en retard. — Les ministres de la marine et les porteurs d'actions des compagnies maritimes étrangères. — Comparaison où l'avantage n'est pas toujours pour nous. — La reconstruction du Temple. — Premiers effets du Sionisme. — La capitale choisie n'est pas Jérusalem. — La France élue. — Souhait sincère. — Au nom de la justice et du droit.

# L'INVASION JUIVE

Avant 1789, les Juifs ne pouvaient posséder de biens en France. Il leur était défendu d'avoir à leur service des serviteurs chrétiens. Ils ne pouvaient enseigner dans nos écoles. Aucun emploi ne leur était accessible dans l'armée. Il leur était interdit d'avoir rang au Parlement ou dans la magistrature. Nos pères avaient tellement peur d'être empoisonnés par eux, que les Juifs ne pouvaient, sous peine de mort, exercer les professions de droguistes, de pharmaciens, de débitants de boissons ou d'hôteliers.

En Algérie, les prohibitions étaient plus grandes encore, avant 1830.

Aujourd'hui les Juifs sont ministres; ils naturalisent en bloc les Juifs algériens par le moyen d'un faux, et par des conventions scélérates, livrent aux compagnies juives nos lignes de chemins de fer.

Les Juifs sont sénateurs, députés, magistrats. Ils professent dans nos écoles, nous enseignant nos lois. Ils possèdent un tiers de la France, et les deux tiers de l'Algérie.

C'est à des Juifs originaires d'Allemagne, que notre gouvernement a confié le soin d'assurer notre sécurité nationale. Ces Juifs allemands sont très spécialement chargés du service des renseignements à l'étranger. Ils surveillent l'espionnage dont nous sommes l'objet, et dirigent les bureaux de nos ministères compétents !

Les corps de santé sont envahis par les Juifs, et l'armée française, notre chère armée, en est contaminée.

Les Juifs tiennent tout, l'argent et les honneurs. Ils ont la terre. Les compagnies maritimes sont aux trois quarts la propriété des Juifs. La Presse leur appartient ; au moyen de la Presse ils troublent les esprits et dirigent l'opinion à un tel point, que le Français abêti, ne pense plus que par les organes dirigés par les Juifs.

Ils nous ont enserrés dans les mailles étroites d'un immense filet, où ils nous étouffent.

La France leur est livrée ; l'Algérie est aux Juifs.

Les Juifs actuellement installés chez nous, tant en France qu'en Algérie, possèdent environ vingt milliards de francs.

La fortune territoriale de la France et de l'Algérie, aux estimations actuelles, est de quatre-vingts milliards.

La fortune des Juifs agioteurs se doublant tous les quinze ans, alors que la fortune territoriale demeure stationnaire, il en résulte : que la fortune nationale déjà réduite des vingt milliards enjuivés, ne sera plus que de quarante milliards en 1914. En 1929, soit dans 32 ans, la France entière et l'Algérie appartiendront aux Juifs.

Et déjà des mères françaises se tuent avec leurs enfants ne pouvant les nourrir. et les pages des journaux ne suffisent plus à publier les listes des désespérés mettant fin à leurs jours ou des vieillards trouvés à chaque instant morts d'inanition, et le peuple manque de pain.

Le dernier recensement a révélé l'existence, tant en France qu'en Algérie, de quarante-deux millions de personnes.

Les femmes et les enfants déduits, il reste vingt millions d'hommes se répartissant ainsi :

2.400.000 propriétaires, patrons ou rentiers.
12.000.000 employés ou salariés à des titres différents.
1.600.000 fermiers, métayers et colons.
4.000.000 domestiques.
soit : 85 0/0 de non propriétaires.

Cette statistique en dit long sur notre situation nationale.

C'est la première fois qu'un nombre aussi faible de propriétaires se trouve constaté, détruisant la légende de la diffusion chez nous de la propriété agricole.

Comme les Juifs accapareurs n'ont pas mis plus de vingt-sept ans à nous amener là, il est logique d'augurer qu'au prochain recensement, il n'y aura plus en fait de propriétaires que les circoncis, le reste de notre population aura mérité de figurer alors dans la catégorie dite : des domestiques.

La situation de la France et de l'Algérie se trouve être actuellement en analogie parfaite avec la situation où se trouvait l'Espagne en 1492.

L'Espagne, alors envahie par les Juifs, livrée aux Juifs, se reprit à temps ; elle fut sauvée.

L'Espagne, où les Juifs avaient commencé à s'introduire par petits paquets quand Ptolémée Soter les chassa de Judée, avait accueilli ces fugitifs avec la bienveillance et la générosité naturelles au caractère espagnol.

Après la destruction du Temple par Titus, les paquets s'augmentèrent. Enfin, les Juifs débarquèrent en grand nombre dans la Péninsule, lors de la dispersion ordonnée par Hadrien, après les excès commis pendant deux ans par les Juifs révoltés, dans la Cyrénaïque.

Arrivés en Espagne, les Juifs réfugiés commencèrent par s'emparer de la fortune publique. Devenus riches, ils n'eurent pas grande peine à se faufiler dans les emplois de l'Etat. De là à s'allier avec les meilleures familles de l'Espagne, il n'y avait qu'un pas, il fut vite franchi. Un certain nombre d'entre eux furent même ministres, comme chez nous du reste.

Les Juifs monopolisant le commerce des denrées, affamaient les populations.

Les Hébreux tenaient tout en Espagne, lorsque la nation s'aperçut un jour qu'elle était en péril ; elle allait disparaître.

Les Juifs, réchauffés, trahissaient la noble hospitalière au profit des Maures qu'ils avaient appelés.

Des documents indiscutables démontrent que le complot des Juifs était de renverser la monarchie chrétienne avec le secours des Sarrazins d'Afrique, et d'élever à Grenade une nouvelle Jérusalem. Ils avaient au moyen de manœuvres habiles compromis une partie de la noblesse espagnole.

Les Juifs avaient déjà livré aux Maures la plupart des places fortes de la Péninsule, et des contingents nombreux s'organisaient en Afrique pour servir leurs desseins. Dans le partage fait à l'avance entre Juifs et Maures, les Musulmans prenaient toute l'Espagne, laissant aux Juifs vassaux le royaume de Grenade, nouvelle Palestine.

« Les richesses des Juifs et des judaïsants », nous disent les auteurs, « leur influence, leurs alliances avec les familles » les plus illustres du pays les avaient rendus infiniment » redoutables. (1) C'était véritablement une nation renfermée » dans une nation. Les Juifs avaient utilisé leurs positions » et leur influence pour organiser un vaste et redoutable » prosélytisme. »

(1) Liste incomplète de quelques gentilhommes français mariés avec des Juives :

| | | |
|---|---|---|
| Prince de Ligne, | Mademoiselle de Rothschild. | |
| Prince de Wagram, | — | — |
| Duc de Gramont, | — | — |
| Duc de Rivoli, | — | Furtado. |
| Prince Murat, | Fille de la précédente. | |
| Prince de Polignac, | Mademoiselle Mirès. | |
| Duc d'Elchingen, | — | Heine. |
| Duc de Richelieu, | — | — |
| Duc d'Etampes, | — | Raminghem. |
| Marquis de Plancy. | — | Oppenheim. |
| Marquis de Salignac Fénelon, | — | Hertz. |
| Duc de Fitz James, | — | Lowenheim. |
| Marquis de Las Marismas, | — | Jacob. |
| Prince Della Rocca, | — | Embdenheim. |
| Marquis de Breteuil, | — | Fould. |

Les plus dangereux d'entre les Juifs étaient ceux qui avaient feint d'embrasser le christianisme pour mieux nuire à la patrie espagnole.

C'est à ce moment critique de l'existence d'un peuple ; à cet instant où tout va périr, que les rois catholiques qui possédaient les preuves de la trahison des Juifs, les expulsèrent tous par le décret de 1492, et que l'Inquisition, jusqu'alors religieuse, fut civilement instituée pour n'être supprimée que trois siècles après, en 1812.

L'Inquisition qu'on a tant critiquée fut surtout une institution basée sur l'instinct de la conservation. Elle sauva l'Espagne.

La vitalité dont la nation espagnole fait preuve de nos jours ; l'effort considérable auquel nous assistons, effort qui a permis à l'Espagne d'envoyer à Cuba et aux Philippines plus de trois cent mille hommes en deux ans, avec les seules ressources de sa propre marine, alors que dans le même temps, la France, pour envoyer dix mille hommes à Madagascar, a dû avoir recours à la marine anglaise, montre suffisamment

---

| | |
|---|---|
| **Vicomte de la Panouse,** | **Mademoiselle Heilbronn.** |
| **Marquis de Rochechouart,** | **— Erard.** |
| **Marquis de Taillis,** | **— Cahen d'Anvers.** |
| **Prince de Lucinge Faucigny,** | **— —** |
| **Marquis de Saint-Jean de Lentillac,** | **— Hermann-Oppenheim.** |
| **Vicomte de Quelen,** | **— —** |
| **Baron de Baye,** | **— —** |
| **Duc de Castries,** | **— Sina.** |
| **Comte d'Harcourt,** | **— —** |
| **Duc de La Rochefoucauld,** | **— Rumboldt.** |
| **Marquis Violet de Presle,** | **— Klein.** |
| **Marquis de Grouchy,** | **— Haber.** |
| **Comte Legrand de Villers** | **— —** |
| **Vicomte de Béhague,** | **— —** |
| **Comte de Kerjégu,** | **— —** |
| **Marquis de Monnay,** | **— de Villers-Haber.** |
| **Marquis de Noailles,** | **— de Greffulhe-Lackman.** |

ce que peut faire une nation où le patriotisme est la première loi.

On n'a pas entendu dire qu'un navire espagnol portant un matériel de guerre indispensable, impatiemment attendu, ait comme le *Blakburn* passé des mois à réparer des avaries dans le détroit de Messine, pendant que nos soldats étaient emportés par centaines tous les jours par les fièvres dans les marais de Majunga, attendant des chalands qui n'arrivaient jamais.

Il est vrai qu'en Espagne les ministres de la marine ne sont pas généralement les gros porteurs d'actions des compagnies maritimes anglaises, comme l'était notre ministre de la marine d'alors.

Si l'Espagne ressaisie sut résister à la formidable puissance de Napoléon et en venir à bout à force de patriotisme ; c'est que cette nation n'était plus contaminée par le virus hébraïque qui a gangrené tout notre corps social.

Après avoir, dans l'affaire dite des Philippines, fait reculer par sa noble attitude la luthérienne Allemagne encore enorgueillie de ses récents succès, la catholique nation espagnole chez laquelle aucun Juif ne commande, se dresse à l'heure actuelle en face de la colossale Amérique, obligeant en dépit de ses dollars et de sa puissante flotte, le Yankee protestant, au respect de son intégrité territoriale convoitée.

Ce n'est pas en Espagne qu'on a jamais entendu dire que des officiers espagnols avaient vendu à l'ennemi les secrets de la défense nationale. Il n'y a pas en Espagne un seul officier juif.

Ce n'est pas en Espagne non plus, que l'on peut voir des syndicats judaïco-protestants, organisés pour le sauvetage d'un Juif convaincu de haute trahison, soulever ciel et terre pour jeter la suspicion sur le corps d'officiers de l'armée nationale.

L'histoire de l'Espagne devrait nous servir d'exemple, car il nous est facile d'établir un juste parallèle entre la situation faite à l'Espagne par les Juifs et la situatien faite à la France et à l'Algérie par les Juifs, à 400 ans de distance.

Ce n'est plus pour le compte des Sarrazins que les Juifs trahissent ; ils opèrent aujourd'hui pour le compte de nos plus dangereux ennemis, ceux qui n'ont qu'un objectif : la disparition de la nationalité française. La preuve en est amplement démontrée ; et c'est sur nos collines, à défaut de Grenade reconquise, que les bannis, ralliés, espèrent à présent faire sortir le Temple de nos ruines.

Déjà, dans le récent congrès hébraïque de Bâle, institué sous prétexte de Sionisme, les délégués des Juifs ont admis le principe de la reconstitution de leur nationalité ; ce qui est une injure pour les peuples inconscients qui les ont par faiblesse admis dans leur giron ; et il est sorti de ce congrès, des ordres ignorés des non-juifs, qui ont eu pour premier effet de produire presque immédiatement la perturbation dont les Juifs sont la cause.

Cette perturbation compromettant à l'heure actuelle notre sécurité, car elle entame fortement notre armée, est la conséquence d'un profond et judaïque calcul.

C'est de Bâle, du reste, qu'est parti le mot d'ordre.

Ce n'est pas la Jérusalem de Syrie comme on a essayé de l'insinuer au dehors, qui est la capitale choisie. En Palestine où règne le désert, il y aurait tout à faire, et le Juif qui ne sait pas édifier mourrait de faim aux rives du Jourdain. C'est chez nous, dans nos nids, dans nos domaines créés par nos pères, domaines hypothéqués aux Juifs, sur notre terre où dorment nos aïeux, dans notre gloire éteinte, que le Juif a élu sa nouvelle Terre-Promise.

Les Juifs expulsés de partout, ont à la fin de ce XIXe siècle, choisi la France pour leur patrie d'élection, comme ils avaient au XVe Siècle, choisi l'Espagne.

La France saura-t-elle comme le sût l'héroïque et vaillante nation espagnole, se débarrasser de l'invasion juive ? C'est un espoir en même temps qu'un souhait que nous formons de tout notre cœur, espérant bien que l'on commencera l'œuvre de libération de notre pays, en prenant contre les Juifs des mesures énergiques de préservation, au nom de l'intérêt supérieur de la patrie, de la justice et du droit méconnus.

# Le Décret Crémieux au Parlement

Dans la *Mystification du Décret Crémieux*, brochure publiée en février dernier, nous avons affirmé documents à l'appui, la non-existence du prétendu décret daté de Tours le 24 octobre 1870, qui conférait nos droits aux Juifs d'Algérie.

Edouard Drumont, du reste, dans son immortelle *France Juive*, avait avant nous contesté l'authenticité de ce décret qui troubla l'Algérie.

Au cours de son interpellation du 19 Février, le député de la première circonscription d'Alger, l'honorable M. Samary, auquel nous avions adressé la première partie des bonnes feuilles de notre publication, non encore achevée, affirmait l'illégalité du décret Crémieux et ajoutait : « qu'il y avait des « personnes qui prétendaient que le décret Crémieux paru à « l'officiel, n'existait pas en original ! »

Il nous eût été agréable de voir le député d'Alger, appuyé dans l'expression de nos légitimes revendications, par son collègue de Constantine, M. Forcioli, candidat anti-juif aux élections prochaines, qui garda de Conrart le silence prudent.

M. Barthou, ministre de l'Intérieur, stylé par Israël, qui styla Zola avec le succès que l'on sait, crût devoir répondre au député d'Alger, que ce décret avait été signé par MM. Fourichon et Glais-Bizoin ; et pour affirmer son dire, il s'appuyait sur une lettre de Gambetta, invitant M. Crémieux à faire publier le plus rapidement possible *ce* décret.

M. Barthou devait être mal documenté. Nous avons sous les yeux cette lettre de Gambetta, adressée à Crémieux le 25 octobre 1870. Il n'y est pas parlé du décret, qualifié de faux, naturalisant en bloc les Juifs algériens ; mais *des* décrets relatifs à l'Algérie.

Voici le texte de cette lettre écrite à l'avocat des Juifs :

« Tours, le 25 octobre 1870.

» Mon cher maître, je vous prie de faire insérer immédia-
» tement au *Moniteur*, *les* décrets relatifs à l'Algérie. Il est
» impossible de prolonger plus longtemps l'attente des délé-
» gués de la Colonie. C'est s'exposer gratuitement à une
» protestation de leur part, dont l'effet moral serait d'autant
» plus déplorable que la bonne apparence serait de leur côté.
» Votre dévoué. Signé : Léon Gambetta. »

Comme on le voit, quoiqu'en ait dit M. le ministre de l'Intérieur, intéressé pour le moment à faire prendre à sa majorité servile des vessies pour des lanternes, il s'agissait dans cette lettre de Gambetta, palladium de M. Barthou, *des* décrets relatifs à l'Algérie et non du *seul* décret naturalisant les hébreux pacotillant sur nos rives, tout en servant à la fois d'émissaires aux arabes contre nous et à nos généraux contre les mêmes arabes et trouvant dans l'organisation de leurs syndicats de la trahison, profit des deux côtés.

Sur les 59 décrets de la délégation de la Défense Nationale en province relatifs à l'Algérie, on en compte sept, rien qu'à la date du 24 octobre 1870.

Si M. Gambetta réclamait le 25 octobre, l'insertion au *Moniteur* d'une partie de ces décrets, il ne pouvait réclamer l'insertion de celui relatif aux Juifs d'Algérie, attendu que le décret naturalisant les juifs algériens avait déjà paru au supplément du *Moniteur* portant la date du 24 octobre 1870 ; que ce supplément fût livré au public, à Tours, le 24 octobre à midi ; et que M. Gambetta n'avait pas à réclamer son insertion le lendemain 25 octobre, puisqu'il était déjà publié de la veille.

M. le ministre Barthou s'est beaucoup avancé en affirmant au Parlement un fait dont les contemporains nous ont autorisé à contester l'exactitude.

Gambetta écrivait à Crémieux lui parlant *des* décrets et non pas seulement comme l'a dit M. Barthou, *du* décret naturalisant les Juifs algériens.

M. Barthou, qui se dit renseigné, n'est même pas d'accord avec M. Bourlier représentant, à son déclin, de la deuxième circonscription d'Alger.

Ce député des Juifs a prétendu de son côté, au cours de ces débats ou les intérêts des Français d'Algérie qui sont ceux de la France, ont été sacrifiés aux intérêts des Français de Crémieux, que le décret contesté portait la signature de Gambetta, Fourichon et Crémieux ; puis il en profita pour nier à la tribune le péril hébraïque !

Nous abandonnons le coreligionnaire de Scheurer-Kestner à ses amis les Juifs et les judaïsants, mais nous lui serions obligé toutefois de se mettre d'accord avec M. Barthou, lui donnant la réplique.

M. le ministre de l'Intérieur a affirmé que deux délégués, MM. Fourichon et Glais-Bizoin, avaient signé le prétendu décret, il aurait pu le démontrer, mais il ne l'a pas fait ; nous en savons la cause.

M. Bourlier a prétendu que trois délégués : MM. Gambetta, Fourichon et Crémieux, avaient apposé leur signature au bas de ce décret ; pas plus que M. Barthou, il ne l'a démontré.

L'un dit deux, l'autre dit trois.

En attendant de les trouver d'accord, nous défions M. Barthou, ministre de l'Intérieur, de pouvoir produire l'original de ce prétendu décret, dont l'Algérie se meurt, décret que nous sommes autorisé à qualifier de faux, autant du moins que le gouvernement représenté par M. Barthou, qui protège les Juifs, ne l'aura pas montré.

# La Question Juive en Algérie

« L'abrogation du décret Crémieux serait d'autant plus » légitime qu'il n'a jamais été régulièrement rendu. Nous » avions mentionné ce fait jadis, et M. Henri Garrot le confirme » dans une intéressante brochure : *La Mystification du décret* » *Crémieux*.

» Edouard Drumont. »
*La Libre Parole*, 22 Février 1898.

République Française

MAIRIE de la VILLE
D'ALGER

SECRÉTARIAT
n° 37

*Alger, le 24 Février 1898.*

« *Monsieur Garrot, publiciste à Alger,*

» Il m'a été rendu compte du don gracieux que vous avez
» bien voulu faire à la Bibliothèque publique de notre Ville,
» de votre intéressante brochure : *La Mystification du décret*
» *Crémieux.*

« Cette publication qui vient à propos pour jeter un nouveau
» jour sur les questions à l'ordre du jour intéressera certaine-
» ment les lecteurs.

» Je vous remercie cordialement.

» Veuillez agréer, Monsieur, l'assurance de ma considéra-
» tion distinguée.

Pour le Maire de la Ville d'Alger :
*Le Premier Adjoint faisant fonctions,*
« Signé : CHARPENTIER. »

FIN



DU MÊME AUTEUR

**En Préparation : LA QUESTION JUIVE EN ALGÉRIE (fort volume)**

www.ingramcontent.com/pod-product-compliance
Ingram Content Group UK Ltd.
Pitfield, Milton Keynes, MK11 3LW, UK
UKHW031944260826
14628UKWH00004B/1836

9 782019 721077